了解一方文明从一座博物馆开始

文物没有呼吸

却有不朽的灵魂和生命

穿越千年与我们相逢

一本博物馆

全国博物馆文物通识读本

南京博物院

南京博物院——编著

Nanjing Museum

中国广播影视出版社

图书在版编目（CIP）数据

南京博物院 / 南京博物院编著. -- 北京 : 中国广播影视出版社, 2022.9 (2024.6重印)
（一本博物馆）
ISBN 978-7-5043-8892-6

I. ①南… II. ①南… III. ①博物馆－介绍－南京
IV. ①G269.275.31

中国版本图书馆CIP数据核字(2022)第140202号

南京博物院
南京博物院 编著

策　　划　颉腾文化
责任编辑　王　萱　赵之鉴
责任校对　龚　晨

出版发行　中国广播影视出版社
电　　话　010-86093580　010-86093583
社　　址　北京市西城区真武庙二条 9 号
邮　　编　100045
网　　址　www.crtp.com.cn
电子信箱　crtp8@sina.com

经　　销　全国各地新华书店
印　　刷　三河市中晟雅豪印务有限公司

开　　本　640 毫米 ×910 毫米　1/16
字　　数　377 千字
印　　张　21
版　　次　2022 年 9 月第 1 版　2024 年 6 月第 4 次印刷

书　　号　ISBN 978-7-5043-8892-6
定　　价　99.00 元

一本博物馆

全国博物馆文物通识读本

南京博物院

南京博物院——编著

Nanjing Museum

中国广播影视出版社

图书在版编目（CIP）数据

南京博物院 / 南京博物院编著. -- 北京 : 中国广播影视出版社, 2022.9 (2024.6重印)
（一本博物馆）
ISBN 978-7-5043-8892-6

I. ①南… II. ①南… III. ①博物馆－介绍－南京
IV. ①G269.275.31

中国版本图书馆CIP数据核字(2022)第140202号

南京博物院
南京博物院 编著

策　　划 颉腾文化
责任编辑 王　萱 赵之鉴
责任校对 龚　晨

出版发行 中国广播影视出版社
电　　话 010-86093580　010-86093583
社　　址 北京市西城区真武庙二条 9 号
邮　　编 100045
网　　址 www.crtp.com.cn
电子信箱 crtp8@sina.com

经　　销 全国各地新华书店
印　　刷 三河市中晟雅豪印务有限公司

开　　本 640 毫米 × 910 毫米　1/16
字　　数 377 千字
印　　张 21
版　　次 2022 年 9 月第 1 版　2024 年 6 月第 4 次印刷

书　　号 ISBN 978-7-5043-8892-6
定　　价 99.00 元

《南京博物院》顾问及编写委员会

序

2018 年 4 月，我在中央电视台《开讲啦》青年电视公开课上，分享了我的博物馆幸福生活，向观众展现了南京博物院的发展成果和时代特质，阐述当下博物馆不再门可罗雀，而是已经成为公众文化休闲的场所，越来越多的观众走进博物馆，喜欢博物馆。博物馆展厅里也不再仅是冰冷的橱窗展柜，而是内容丰富、形式多样的主题展览，策展人通过文物和文物之间、文物和人之间、文物和它所在地域之间相互关系的组合和解读，将文物的文化内涵和艺术特征呈现给公众，去讲好地域文明的故事、中华文化的故事、城市发展的故事等，让博物馆成为一个有趣的文化空间。

南京博物院在近 90 年的发展历程中，始终努力服务社会公众，经过几代人辛勤耕耘和无私奉献，形成了今日“一院六馆”的展馆布局。即在南京博物院内，设置历史馆展示“江苏古代文明”；特展馆举办清宫文物特展和文化交流临展；艺术馆分类展览历代绘画、历代书法、历代雕塑，以及傅抱石、陈之佛、苏天赐、吴为山等艺术大师的名人专馆；数字馆以数字技术呈现中华文化的 28 个片段，带给观众全新体验；民国馆活态呈现民国一条街，重点展示南京地区民国社会风情；非遗馆通过小剧场、老茶馆、江苏非遗展及百姓工坊的动态方式展示江苏非遗项目。“一院六馆”奉献给观众的不再仅仅是文物与展览，而是由众多不同主题的文化空间组成的文化休闲场所，呈现给观众的是全新的博物馆文化与旅游相结合的体验与感受，让南京博物院成了公众喜爱的博物馆。

博物馆作为公共文化设施的重要组成部分，承担着弘扬中华文化、传承地域文明、促进经济社会和谐发展的重任。我们在发展的过程中，既要努力提升公共文化服务的社会效益，又要关注促进城市旅游贡献的经济效益，这是文旅融合发展的必然要求。南京博物院作为中央地方共建的国家级博物馆、国家一级博物馆、国家 4A 级旅游景区，近年来观众接待量逐年攀升，2014 年全年接待国内外观众 226 万人次，2016 年为 288.16 万人次，到 2019 年增至 416.89 万人次，平均年增长率为 11.3%，成了公共文化服务的热点场所和旅游的必游景区。这不仅需要政府加大对博物馆的投入，更需要博物馆人开展更多的创造性劳动，开发多种多样的公共文化服务产品，让更多的公众乐于走进博物馆。

今天的南京博物院，是观众喜爱的历史和艺术的殿堂，是公众钟情的文化和休闲的场所，是游客流连的具有文化特色的旅游目的地，我们强化了展览、展示、展演的结合，强化了文化产品、文化环境、文化服务的创造与提升，强化了寓教育于服务的博物馆发展理念，希望走进博物馆的“你”，能有更直观、更舒适、更时尚的参观体验。

这本介绍南京博物院的图书，是我们实践理想的一个细节，希望它不是文物的堆砌，不是精美厚重的铜版纸，不是刻板严肃的大文章，而是可爱有趣、轻便时尚、讲述故事的文化载体，翻开它既实用又耐读、既温暖又惬意。《南京博物院》讲述的是南京博物院一院六馆内娓娓道来的故事。

希望你能够喜欢。

南京博物院名誉院长　龚良

2022 年 3 月 18 日

前言

为什么出版“一本博物馆”系列图书？我们曾经反复追问自己，试图把这个问题表述清楚。

你是否有过这样的经历？每到一个地方，因为慕名而来，也因为带着好奇和对文化的膜拜，一定要参观一次当地的博物馆。于是，在导游的带领下，花了一两个小时的时间，走马观花，耳朵里挤满了过耳就忘的陌生知识，再过一段时间，对看过的文物也印象模糊。每当与别人聊起一个话题，也只能说出一两件知名度极高的藏品。我们穿越千山万水，与一些承载了几千年风雨的物品相见，起到的作用也只是“有助谈资”，而对博物馆里真正的宝藏，仅仅是瞥了一眼。

大家需要“一本博物馆”

博物馆不是普通旅游景点，其中陈列着数以万计的文物，背后藏着丰富的文化内容。如果参观博物馆前不认真准备一番，只是匆匆走过难免会像看了一堆陈旧物品的“文化邮差”。只有参观博物馆前预习，参观时看到文物才会与它似曾相识，参观博物馆后温习，回味给自己留下深刻印象的内容和文化脉络，如此，才基本了解一座博物馆。而博物馆是一个值得终身、反复学习的地方，许多本“一本博物馆”的累积，记录了你走过、读过的历史。

博物馆里有一锅“文化粥”

如果说，考古是人类文明的“第一现场”，那么，博物馆则是“第二现场”，由发掘转为收藏和展示。在博物馆中，人类文明被高度浓缩，大众得以与历史直面。

美国盲人作家海伦·凯勒曾在《假如给我三天光明》一书中写道，如果拥有三天光明，她会选择一天去博物馆：“这一天，我将向过去和现在的世界匆忙瞥一眼。我想看看人类进步的奇观，那变化无穷的万古千年，这么多的年代，怎么能被压缩成一天呢？当然是通过博物馆。”

博物馆有多种类型：综合的、历史的、自然的、艺术的、科技的、特殊类型的，等等。博物馆里有百科，像一锅熬了千百年、包罗万象并经过系统整理、直观呈现人类文明的“文化粥”。

文物是眼见为实的历史

一切历史都是故事，凡是故事经过当代或下一代人回忆整理时都难免会对事实进行主观重构。文物是眼见为实的历史，即使学者对解读有争议，起码也是在实证的基础上进行。如此，我们便更能了解历史的原貌，这是对历史的尊重。

文物是形象化的记忆

一切事物容易被记住往往是因为它有趣的形式。千言万语不及一张图。有学者推算，我们一般人“记忆中的语言信息量和形象信息量的比率为 1:1000”。

文物正是有趣的形式，直观的形象比文字更让人印象深刻。

文化是民族的血脉和自信

文化是民族的血脉和灵魂。一个国家、一个民族、一个家族、一个人……如果没有了灵魂，如同大树被连根拔起，他与祖先、与土地、与自我都失去了联系。而自信不仅缘于拥有多少财富、多大权力，更缘于内在深厚传承的文明。好比我们以自己的家世为荣，有一天，拿着母亲的照片对别人说：“这是我母亲年轻的时候，她也曾风华绝代呢。”

如上缘起。北京增艳锦添与博物馆专家团队，联合出版“一本博物馆”系列丛书，根据每个博物馆展览陈列的线索，选取每个展厅中具有代表性的文物，将内容翔实、严谨的知识用通俗的语言表达出来，以有趣的形式呈现。我们的目的只有一个：大家拿着“一本博物馆”，走进一座博物馆，爱上连绵不断的中华五千年。

2022 年 5 月 20 日

目录

特展馆

艺术馆 223

非遗馆 295

南京博物院

南京博物院
NANJING MUSEUM

了解南京博物院

成立时间： 1933 年

地理位置： 南京紫金山南麓

占地面积： 7 万余平方米

展馆分布： 历史馆、特展馆、艺术馆、数字馆、民国馆、非遗馆。

藏品数量： 43 万余件（套）

文物类型： 青铜、玉石、陶瓷、金银器皿、竹木牙角、漆器、丝织刺绣、书画、印玺、碑刻造像等。

南京博物院俯瞰示意图

① 历史馆
② 特展馆
③ 艺术馆
④ 数字馆
⑤ 民国馆
⑥ 非遗馆

南京博物院平面示意图

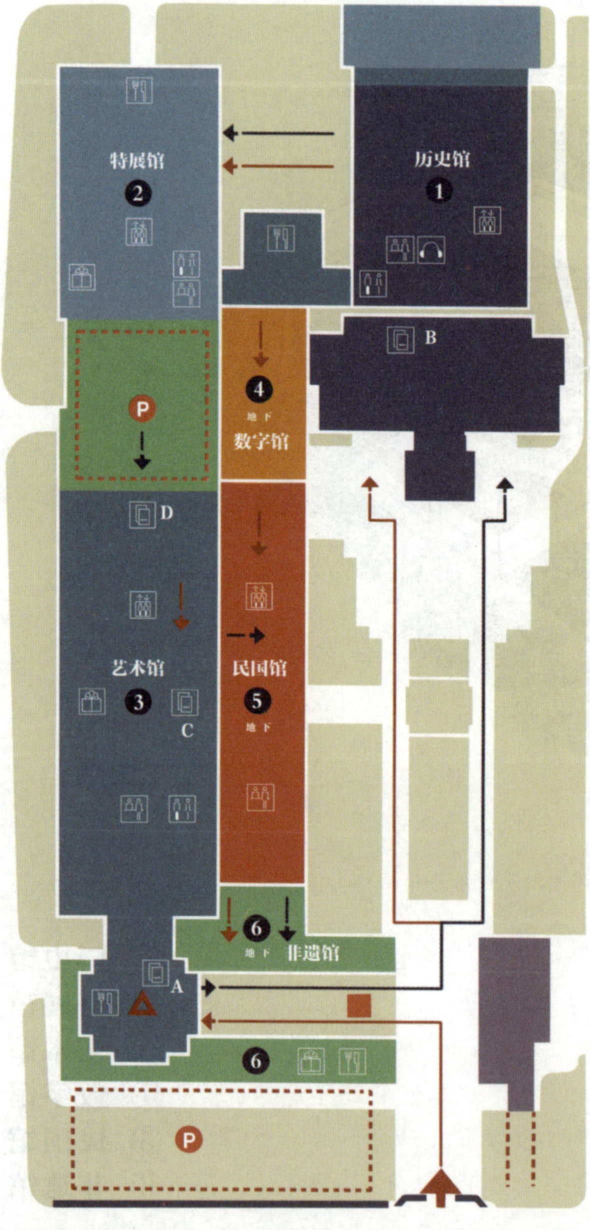

① 历史馆
② 特展馆
③ 艺术馆
④ 数字馆
⑤ 民国馆
⑥ 非遗馆

A：游客中心
B：展馆入口 1
C：展馆入口 2
D：展馆入口 3

南京博物院简介

南京博物院的前身

南京博物院是我国第一座由国家兴建的大型综合性博物馆，它的前身是国立中央博物院筹备处，由我国近代民主革命家、教育家蔡元培先生于1933年倡议建立，拟建人文馆、工艺馆、自然馆，1936年动工，但由于抗日战争爆发，仅于1937年完成了“人文馆”的部分工程，即南京博物院仿辽代大殿的主体构架。1950年，中央博物院筹备处更名为国立南京博物院；1959年，正式更名为“南京博物院”。

南京博物院的地理位置与建筑特点

南京博物院坐落于美丽的紫金山南麓，东面临明城墙，靠临明故宫，占地7万多平方米，建筑面积84800平方米，展厅面积26000平方米。

南京博物院的正入口是一对仿汉阙式门楼，主体建筑是20世纪30年代由国民政府出资建造的中央博物院院舍，采用民国建筑“中西合璧”的特有形式，大殿为中国传统仿辽代庑殿顶大殿，其特征是外观为传统的大屋顶，屋顶铺盖金黄色琉璃瓦。

南京博物院的主要藏品

南京博物院现拥有各类藏品 43 万余件（套），上至旧石器时代，下迄当代，既有全国性的，又有江苏地域性的；既有宫廷传世品，又有考古发掘品，还有一部分来源于社会征集及捐赠，均为历朝历代的珍品佳作。青铜、玉石、陶瓷、金银器皿、竹木牙角、漆器、丝织刺绣、书画、印玺、碑刻造像等文物品类一应俱有，每一品类又自成历史系列。其中，新石器时

代“玉串饰”，战国“错金银重络铜壶”“郢爰”，汉代“金兽”“广陵王玺”“错银铜牛灯”“鎏金镶嵌神兽铜砚盒”，西晋“青瓷神兽尊”，南朝“竹林七贤与荣启期”模印砖画，明代“釉里红岁寒三友纹梅瓶”等为国宝级文物。此外，“扬州八怪”“吴门画派”“金陵画派”、傅抱石、陈之佛等大家的书画藏品成组成系，别具特色。

南京曾是哪些朝代的都城

南京古称“金陵”，最早为战国楚威王于公元前 333 年置“金陵邑”。三国时期，东吴的建立者孙权在此建都，这是南京第一次在历史上成为首都。此后，东晋、南朝的宋、齐、梁、陈也相继将都城建于此处。故南京有“六朝古都”之称。其后，南唐、明、中华民国分别在此定都。

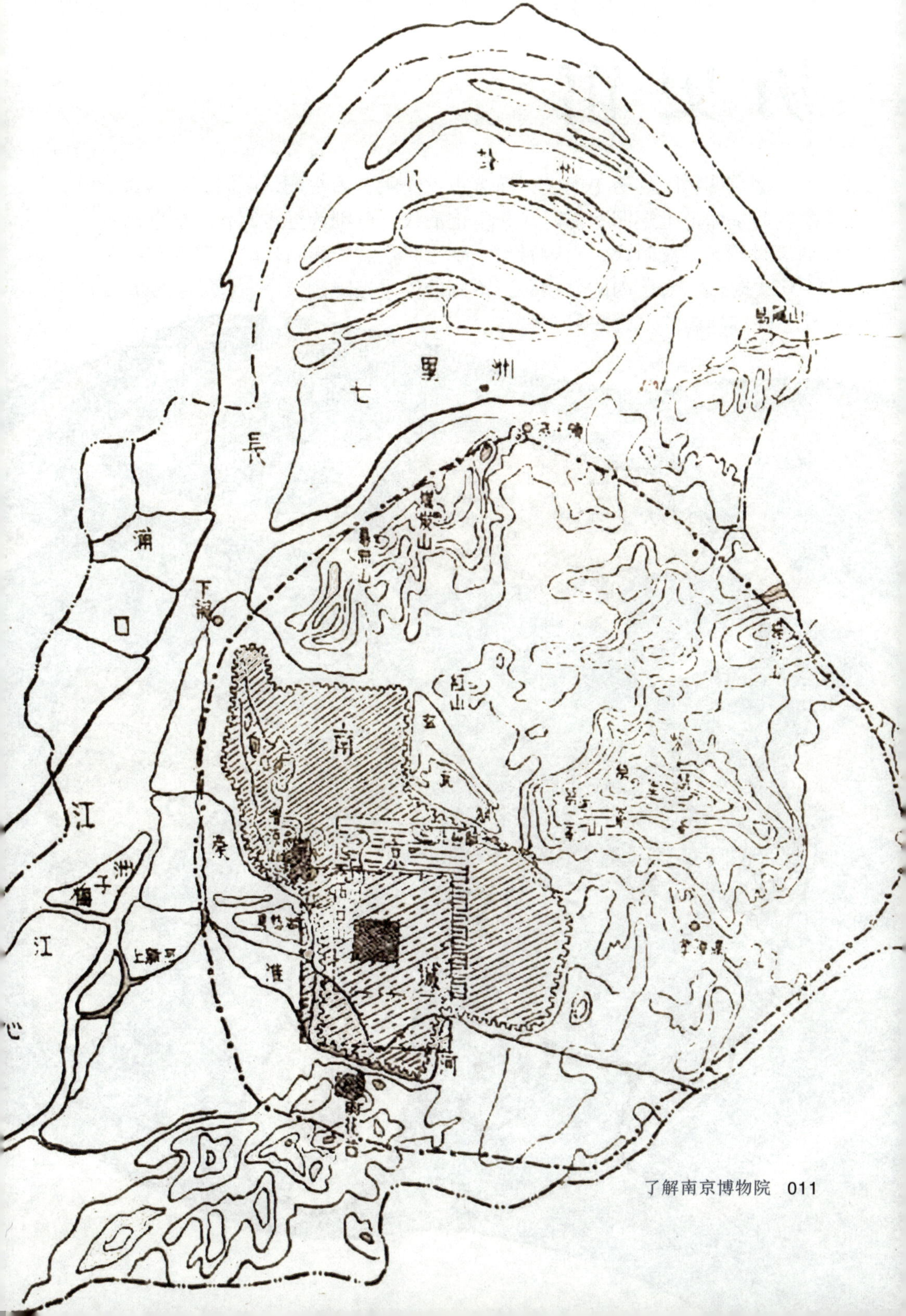
八卦洲
七里洲
長
江
江
下關
紅山
玄武湖
南京城
秦
淮
河
雨花台

历史馆

南京博物院的历史馆以“江苏古代文明”为主题，以时间为线索，以文物为主体，上起旧石器时代，下讫清代，分别为远古时代、史前时代、商周时代、秦汉时代、六朝时代、隋唐时代、宋元时代、明清时代，共八个历史时代。展厅内的文物配合不同的场景来陈列，全方位、多视角地展示了江苏地域的古代文明进程。

历史馆平面示意图

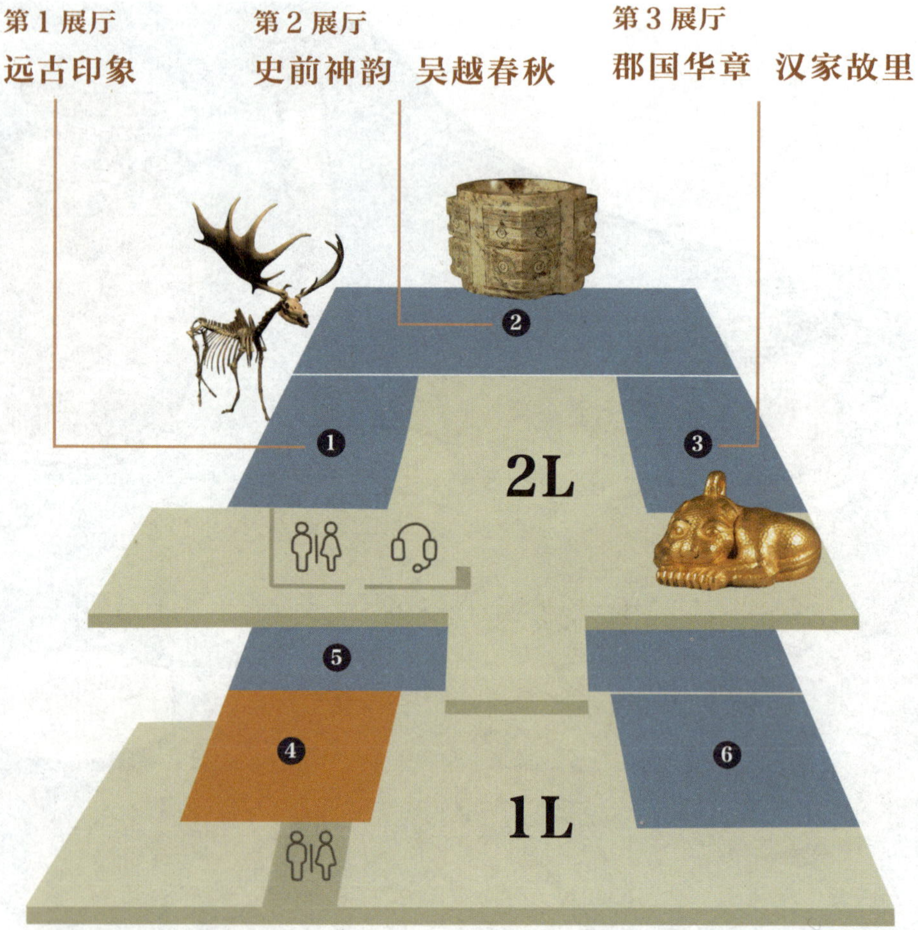

第 4 展厅

六朝迭兴 隋唐华彩

第 6 展厅

盛世江南 明清辉煌

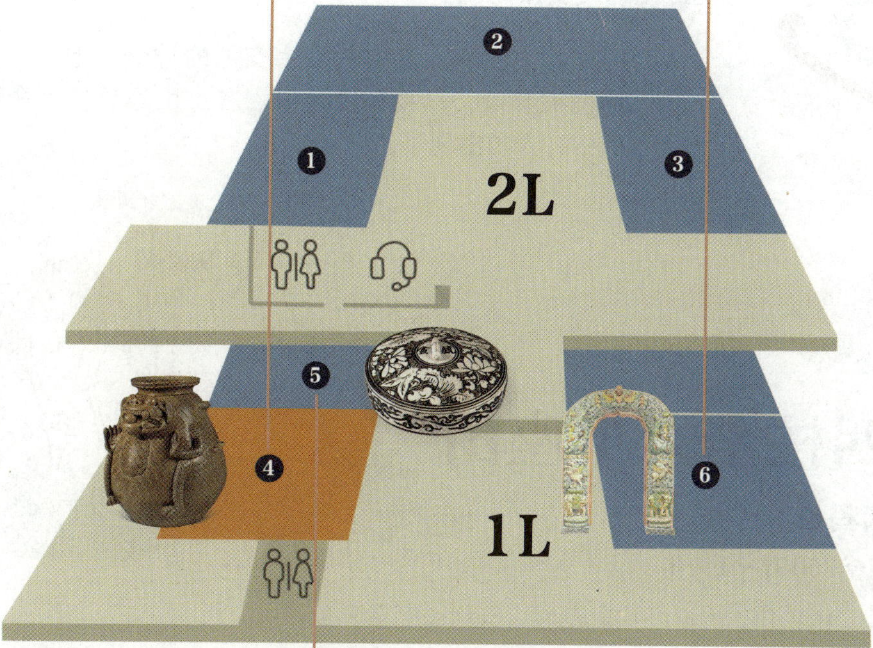

第 5 展厅

江淮多姿 宋元气象

远古印象

距今 35 万年前

远古洪荒，在这片江海交汇的神奇土地上，森林植被繁茂，动物种类繁多。在生生不息的生命繁衍中，人类出现了。

四柱擎天半座山

猛犸象

距今 300 万~ 1 万年

猛犸象，古脊椎哺乳动物，也称长毛猛犸象。生活在距今 300 万年至 1 万年的亚欧大陆北部以及北美洲北部。曾经是世界上最大的象之一，是在陆地上生存过的最大的哺乳动物之一。它夏季以草类和豆类为食，冬季以灌木、树皮为食，以群居为主。

冰心玉洁花非花

海百合化石

中生代三叠纪

海百合是世界上最古老的动物之一，最早出现于距今约 4.8 亿年前的奥陶纪早期。它的身体有一个像植物茎一样的柄，柄上端羽状的东西是它的触手，也叫腕，是捕食的工具。

鹿首称王生龙角

大角鹿

第四纪更新世晚期

大角鹿是目前已知体型最大的鹿，角长可达 4 米，所以称为大角鹿。大角鹿最早生活在 300 万年前的更新世晚期，直至全新世早期的欧亚大陆，7700 年前灭绝。它们喜欢温暖湿润的环境，生活在草原边缘的树林里，喜欢吃树叶、嫩枝等植物。

铁蹄踏雪角破天

东北野牛

新生代第四纪

东北野牛属寒温带动物，分布于四川、河南、陕西、内蒙古和东北地区，其中在东北地区的种类和数量最多。东北野牛化石多出土于第四纪更新世晚期的河湖一二级阶地，距今 4 万 ~ 2 万年。

史前神韵 天地造化

距今约35万~4000年

35万年前，南京猿人的出现，揭开了江苏大地人类活动的序幕。此后，江苏古代人类筚路蓝缕，披荆斩棘，生存繁衍，创造了富有地域特色的旧石器文化。

进入新石器时代，8000年前，江苏土地上的先民已经开始了定居生活。6000年前，稻作农业得到了长足的发展，初步奠定了史前文化的坚实基础。家畜饲养、制陶治玉、纺织髹漆、石器加工全面进步，物质财富逐渐丰富，人口数量不断增加，聚落规模迅速扩大，社会阶层显著分化，组织结构日趋复杂，文化面貌特征鲜明。最终，文明时代到来的标志——古城古国应运而生。

晨星望月一洞天

南京直立人

江苏南京汤山镇雷公山葫芦洞出土

1993年年底至1994年年初，在南京江宁汤山镇雷公山的“葫芦洞”南侧支洞内发现3件（具）不完整的猿人头骨化石。猿人颅骨化石保存较完整，有颅骨和部分面骨，额骨低平且向后倾斜，骨壁较粗，种种特征表明，汤山猿人头骨属直立人头骨。该地点地质年代与北京周口店动物群晚期或安徽和县动物群大体相当，属中更新世晚期，距今约35万年。

煮炖煎炒样样好

顺山集釜（fǔ）灶组合

新石器时代
江苏泗洪顺山集遗址出土

蒸、煮、烤、烙等现在常用的烹饪方法在新石器时代已经产生，釜灶、鼎、鬲（lì）等各类丰富的炊具也应运而生。

釜灶兼具炊器与烧灶的功能，上面为釜，是锅的老祖宗，可以煮、炖、煎、炒；下面为灶，可生火加热。釜灶组合使用，既保证用火安全，又可节能，因此得到广泛认可，是一项经得住时间考验的古老发明。

自古就有一些关于釜的成语和诗句，比如“釜底抽薪”“破釜沉舟”“煮豆燃豆萁，豆在釜中泣”等。

遥远的家园：顺山集遗址

顺山集遗址位于江苏省泗洪县梅花镇赵庄，是淮河中下游新石器时代早中期面积最大的环壕聚落遗址，发现环壕、房址、灰坑、墓葬、灶坑、兽坑及烧土堆积等遗迹，出土了陶器、石器、骨器等各类遗物1000余件。其中环壕的周长近1000米，围合的面积近7.5万平方米，被称为“中华第一壕”。在此发现的陶灶出土时代早，保存好，被称为“中华第一灶”。

环壕是一个部落的中心，很可能是一种防御设施。在以防御为目的的城出现之前，为防御洪水、猛兽以及敌对势力的侵袭等，在居住的聚落周围挖出围沟作为防御设施。

幽幽彩陶古韵美

彩陶器座 / 彩陶盆

新石器时代

江苏邳（pī）州大墩子遗址出土

彩陶器座与彩陶盆外壁均以红彩为地，图案用白彩绘制，是新石器时代晚期大汶口文化的典型形态。此时纹样从写实向抽象转化，用抽象的几何印纹替代了原来的鱼、鸟、蛙等动物印纹，其中最具有代表性的是折线纹样，并逐渐发展为复杂的纹样组合。

遥远的家园：邳州大墩子遗址

邳州大墩子遗址位于江苏省邳州市四户镇竹园村，共发现墓葬554座，出土陶器、石器、骨器、织麻、琢玉等各种生产工具和生活用品4000余件。其中陶器中彩陶占有相当数量，这些彩陶作为中国史前彩陶艺术整体的组成部分，既有着依照彩陶本身发展进程的时间早晚的序列，又与当时各新石器时代文化区系有机地联系在一起。

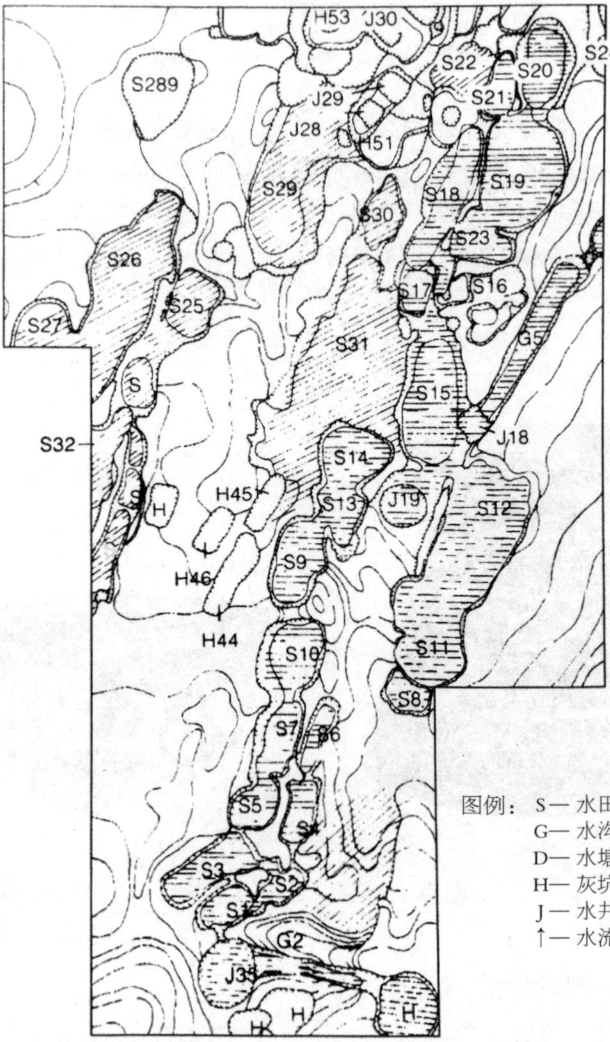

图例： S— 水田
G— 水沟
D— 水塘
H— 灰坑
J— 水井
↑— 水流方向

草鞋山东片水田遗迹分布图

一粒稻香七千年

炭化稻米

新石器时代

江苏苏州草鞋山遗址出土

1956年，江苏省考古队在苏州草鞋山遗址发现了人工栽培种植的炭化稻米。

草鞋山遗址发现的水稻田距今有六七千年，是我国境内已知最早的具有原始灌溉系统的古稻田，为中国稻作农业和栽培稻起源的研究提供了实物依据。

炭化，一般指碳化作用。古代植物埋藏在沉积物里，在一定的压力、温度下脱水，最后剩下碳和其他少量物质的混合物。

遥远的家园：草鞋山遗址

草鞋山遗址位于江苏省苏州唯亭镇东北，遗址总面积约45万平方米，其文化堆积可分为10层，先后次序为马家浜文化、崧泽文化、早期良渚文化、典型良渚文化，直到进入春秋时代的吴越文化。在距今6000年前的马家浜文化时期的地层发现了具有灌溉系统的水田状遗迹，说明太湖流域早在6000年前就有稻米生产，是稻作文明的重要发源地之一。

嘴长腿短肚满膘

猪形陶罐

新石器时代
江苏高邮龙虬（qiú）庄遗址出土

一排可爱的小猪如士兵列队，它们向前噘起的嘴巴上都戳了两个圆圆的小鼻孔，背上都张开大大的“嘴巴（注水口）”，作为陶罐供主人使用，真是既夸张，又实用。

猪又称豕（shǐ），是六畜之首，在我国已经有七八千年的养殖历史，它既是重要的资源和财富，又是令人崇拜的图腾。如果家里没有养猪，就不成为“家”。因此，家 = “豕” + “宀”。

新石器时期的人类遗址，在许多古人的墓葬中都不乏猪的遗骸，古人常常以牲畜的多寡来体现地位和富裕程度，由此，葬猪或以猪做祭祀品就显得十分重要。

遥远的家园：龙虬庄遗址

龙虬庄遗址位于江苏省高邮龙虬镇龙虬庄村，距今 7000 ~ 5000 年，是具有新石器时代的文化风格独特、序列完整的古村落遗址，对进一步探索江淮地区的史前文化、中国稻作农业的起源和传播、研究这一地区的古生态环境有重要意义。

1993 年该遗址的发掘被评为全国十大考古新发现。

嘴尖皮厚腹中空

陶鬶（guī）

新石器时代
江苏新沂花厅遗址出土

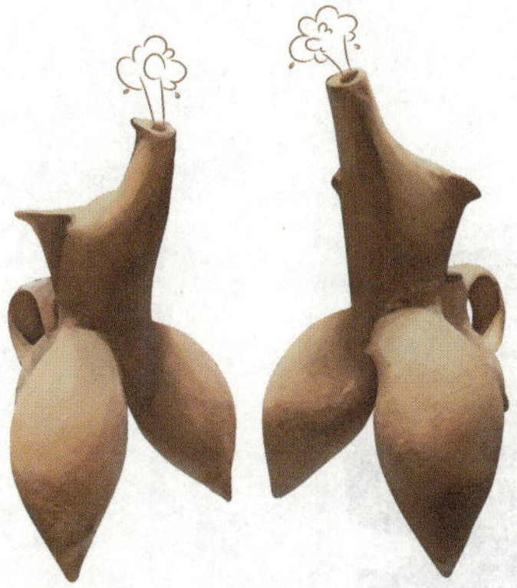

陶鬶是中国新石器时期的炊饮用具，口部有槽型的“流”，有把手和三只空心的足，主要用于炖煮羹汤或温酒。

原来陶鬶的足部是实心的，后来慢慢演变成了空心的“袋足”。烧水时，水填满袋足，受热面积变大，水烧开得更快。

陶鬶是中华史前文化的一种代表性器物，商周时期流行的其他礼器，大都与陶鬶有关。

噘嘴翘尾滚圆圆

江豚形陶壶

新石器时代
江苏吴江梅堰遗址出土

一只江豚低着头翘着尾巴，噘着鸟喙一样的尖嘴，扭动着圆滚滚的身子，眼睛却睁得大大的，呆呆地望着前面，这栩栩如生的样子真让人忍俊不禁……谁能想到这竟是4000多年前新石器时代的一件艺术品？不仅如此，这还是一个有实用功能的陶壶！仔细看，陶壶的腹部有三只扁足，能稳稳地托住圆溜溜的壶身，方便放置。使用时，水从微微翘起的尾部注入，还很便利。

高头大脸最风流

玉人像

新石器时代
江苏南京高淳县朝墩头遗址出土
推荐星级：★★★☆☆

这是江苏发现的最早玉人，应该是5000余年前南京先人的模样吧？像是一个迎风伫立、双臂环抱、七服八不愤的男子，好像在说：“哼，我看你能拿我怎样。”

玉人由青玉制成，发髻高盘右偏，脸庞方方，鼻子宽宽，嘴巴阔扁，两只眼睛快贴到耳朵了。在史前社会，这种玉人雕刻技法是非常罕见的。

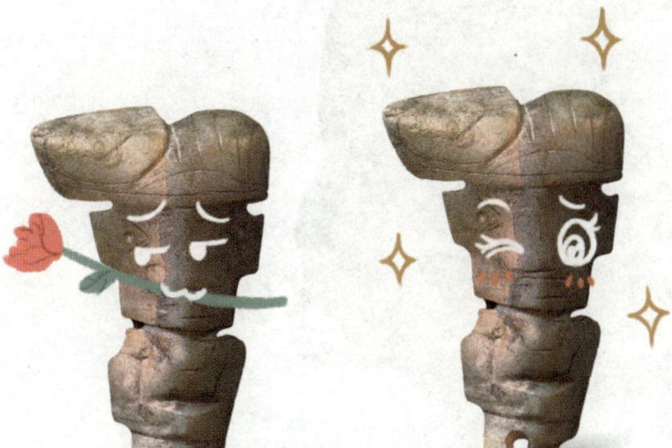

通灵美玉九千年

玉蛙 / 兽面纹镯式琮（cóng）

新石器时代
江苏吴中张陵山遗址出土

中国玉文化的历史已有 9000 年之久。古人以美石为玉，随着社会的发展，文明的进步，玉器从饰品逐步演化成复杂的礼器。

兽面纹玉琮呈手镯状，外壁琢刻了多组高度简约的兽面纹饰。一同出土的玉蛙呈匍匐状，玉料同兽面纹玉琮一致，皆为良渚文化时期的器物。

现代考古认为，良渚文化分布的中心地区在太湖流域和钱塘江流域，最大特色便是玉器。这些温润莹秀的玉料、繁密精细的刻纹及多重复合形的图像结构，彰显出先民们对祖先及大自然的敬畏。

敬天爱地拜祖先

人鸟兽玉饰件

新石器时代

江苏昆山赵陵山遗址 77 号墓出土

推荐星级：★★★★☆

玉饰件是已知最早的人鸟兽图案透雕精品，为良渚文化玉器的珍品。

它高仅 5.5 厘米，由软玉制成。整体是一个蹲踞着的侧身人像，头上阴刻五条平行弦纹冠帽，帽上高耸的弧状物象征一束羽翎，羽翎的顶端站着一只浮雕小鸟。小兽顺着人反背的手臂攀爬，它的前后肢与羽冠相接。

这件玉器很可能与祭祀时的法器有关，表达了良渚人天、地、祖先三者合一的宇宙观以及在神灵崇拜方面的复杂思想。

遥远的家园：赵陵山遗址

赵陵山遗址位于江苏省苏州市昆山市张浦镇赵陵村，是一座人工堆筑的台状土山，东西长 110 米，南北宽 80 米，呈椭圆形，占地 1 万平方米，高出四周约 9 米，有古河道环绕，是太湖地区典型的良渚文化早期大型土台型遗址。

1990 年至 1995 年，历经 3 次考古发掘，发掘面积 2000 平方米，共发现以良渚文化为主的墓葬 94 座。引人注目的是，这些墓葬均与土台关系密切，按墓主贫富贵贱分区埋葬，并有规模较大的集中杀殉现象，这在良渚文化遗址中属首次发现。1992 年，赵陵山遗址被评为全国十大考古新发现之一。

神兽带你去何方

神人兽面纹玉琮

新石器时代
江苏常州武进寺墩遗址出土
推荐星级：★★★★★

神人兽面纹玉琮外方内圆，分上下两节，上节为神人面纹，眼睛为重圈，两条短线表示眼角，鼻子宽阔，以弧线勾画鼻翼。下节为神兽面纹，好像绵羊的犄角，又似瞪大眼睛的青蛙。两眼间有弧形短桥相连，刻着横纹和卷曲的毛发。圆滚滚的鼻子下面贴着一张扁扁的阔口，鼻口两侧有胡须。这种纹饰组合是良渚文化典型的徽记。

良渚文化时期，人类的力量太小，从而对自然产生崇拜。神人兽面纹折射出良渚文化时期人们的宗教信仰和精神世界。

遥远的家园：寺墩遗址

寺墩遗址位于江苏省常州武进区郑陆镇三皇庙（庄桥头）村西，寺墩的墩体是东西长约 100 米、南北宽约 80 米，高近 20 米的大型土墩。1978 年至 1995 年，南京博物院进行了 5 次考古发掘，清理了 5 座良渚文化高等级墓葬，其中以 M3 的发现最为丰富，出土玉琮 33 件，玉璧 24 件，是迄今为止良渚文化墓葬中出土玉琮数量最多的墓葬。2016 年起，寺墩遗址考古发掘被纳入“考古中国”项目——长江下游区域文明模式研究课题中，以全新的思路和理念开展第 6 次考古发掘工作。

青丝白玉落纤尘

组合玉项饰

新石器时代

江苏新沂花厅遗址出土

玉项饰是由众多大小不一的玉管、玉珠、玉佩等组成，是良渚文化玉项饰中比较精美而完整的一串，由透闪石软玉琢制。

玉项饰出土时原来穿系的绳索已朽蚀，玉件零星地散布在人骨架上部，应是墓主人的颈饰，用于彰显身份。这是新石器时代良渚文化的特征性器物，距今已有5000余年的历史。

遥远的家园：新沂花厅遗址

位于江苏省新沂市城岗乡花厅村，遗址面积约有70万平方米，有新石器时代墓葬86座，出土文物1000余件。随葬品中既有北方大汶口文化中的常见器物，也有南方良渚文化特点的玉琮、玉璧等器物。大量良渚文化玉器的出现，说明早在5000年前，大汶口文化与良渚文化已开始交流，其人殉、人祭现象对探讨奴隶制的起源也有重大意义。

方国风云
吴越春秋

（公元前21世纪—公元前221）

夏商周，是中国的青铜时代，也是中国历史上国家形成并逐渐成熟的阶段。江苏地区逐步出现早期国家方国，徐、钟吾、郯、干、宜等夷系方国与吴、越、奄等越系方国，在与中原王朝不断碰撞、交融的过程中，创造了特色鲜明的地域文化。

商代，太湖地区、宁镇地区土著文化的兴盛，昭示着江苏地区早期国家的萌动。进入西周，武进淹城、姜堰天目山、邳州梁王城等众多文化遗存，凸现出多国林立的时代特征和地域文化的鲜明个性。

春秋中晚期，周室衰微，诸侯争霸。吴国“南服於越，西破强楚，北威齐晋”，黄池会盟，称霸诸侯。越国不甘失败，卧薪尝胆，“十年生聚，十年教训”，在战国初年消灭吴国，并迁都北上，成为天下霸主。吴越尊周、交通列国，江苏地区的地域文化逐步融入华夏文明之中。

泥沙百炼成尊王

原始瓷尊

西周

江苏丹阳大笆斗西周贵族墓出土

推荐星级：★★★★☆

原始瓷尊器形硕大，胎质致密，釉色晶莹，是中国迄今为止发现的体量最大的一件原始瓷。出土时，其腹内还藏了 26 件原始瓷碗。

尊，一般体型均较大，应为固定安放的器物。商代中期以后，出现原始青瓷制品，是现代瓷器的老祖宗，是陶器发展到最高阶段的产物，其发现地遍及全国，在江苏主要发现于苏南地区商周时期的土墩墓中。江苏发现的原始青瓷数量多、类型全，在器型和纹饰风格上具有浓厚的江南水乡特色。

考古小知识：江南土墩墓

江南土墩墓是商周时期江南地区独有的墓葬形式，分布在江苏地区多处，它的外观呈馒头状，封土通常高 3 米～10 米，甚至数十米，地径一般为 10 米～30 米，甚至为 70 米～80 米，墓葬形式分为一墩一墓和一墩多墓，墩内各墓葬间的关系应为同一家族成员。随葬器物多以夹砂陶炊具、几何印纹硬陶盛器、原始青瓷食器为主。

青铜绿锈藏寒光

青铜剑

江苏南京六合区和仁东周墓出土

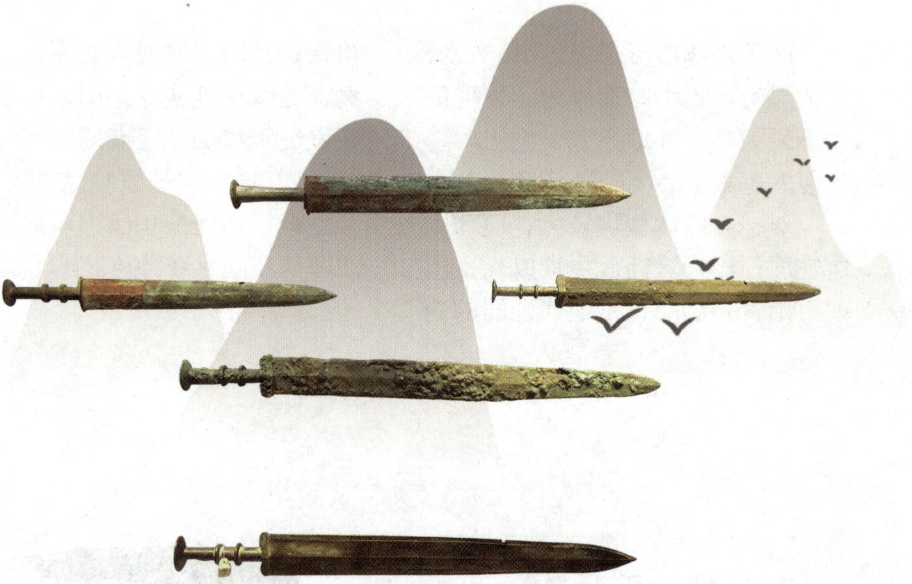

春秋战国是中国古代军事大竞逐时期，文武分职和独立的军事系统开始出现，兵器不断发展和创新。吴越所造兵器刃部锋利、工艺精良、装饰华丽，乃吴越先后称霸中原之利器。吴越制造的剑、矛、戈等精品在全国各地多有发现。

青铜剑始于商代，主要由剑身和剑柄两部分组成。起初，剑身较短，只有 20 厘米～30 厘米，形状似柳叶，随时间推移，剑身不断加长；春秋战国时，剑身普遍有 50 厘米～60 厘米；而到了秦代，剑身则超过了 80 厘米。冶铁技术成熟后，青铜剑淡出了历史舞台。

一盉清水入琼浆

青铜盉

西周

江苏镇江丹徒区烟墩山墓出土

青铜盉出现在商代早期，形状多样，一般是深腹、有盖、前有流、三足或四足，流行于商代晚期至西周。盉主要用来盛水，与酒器组合，进行调酒。

指尖清流落凤盘

青铜四凤盘

西周
江苏仪征破山口出土

青铜四凤盘体积庞大，口纵88厘米，横84厘米，通高27厘米，地径63厘米，外形圆润，肩膀上有两个把手，盆沿还立着4个小凤。

盘是一种洗手用具，流行于商代至战国时期，常与匜（yí）配合使用，在祭祀或宴会时，须行沃盥（guàn）礼，即用匜浇水洗手，下端用盘接水。

《左传·僖公二十三年》有“奉匜沃盥”的记载，沃的意思是浇水，盥的意思是洗手洗脸，“奉匜沃盥”是中国古代在祭祀典礼之前的重要礼仪。

一“觥”好酒祭天地

青铜牺觥（gōng）

西周

江苏丹徒烟墩山西周墓出土

推荐星级：★★★★☆

商周时代，有一种被称为“觥（gōng）”的盛酒器，一般作椭圆形或长方形体，或仿动物造型，典型特征是兽形大脑袋和覆盖整个背部的大盖子。

牺觥又叫兕（sì）觥或兽形觥。牺，古代指作祭品用的牲畜；兕，古代指犀牛（一说雌性犀牛）；觥，古代用兽角做的酒器，成语“觥筹交错”中的觥就是指这种造型的酒器。

青铜牺觥形似四足兽，兽身为圆角长方形，上有兽钮盖。腹饰是对称的凤鸟纹，云雷纹地。

在商周时代的青铜器上，多数使用动物造型和几何纹饰。例如，下面这件青铜牺觥就是典型的代表。

铙声震天尘飞扬

青铜兽面纹铙（náo）

商代晚期至西周
江苏江宁横溪出土

铙，执钟，是中国古代使用的青铜打击乐器之一。铙的形状似铃且较大，有中空的短柄可安木把，铙身上大下小，横截面为橄榄形。使用时执把，铙口朝上，用槌敲击。铙内腔宽广，敲击时共鸣震动，声音洪亮，最初在军中用于传播号令。因其质料为青铜，故又称“金铙”。古代军队击鼓进军，鸣金收兵。“鸣金收兵”中的“金”指的就是铙。

铙流行于商代晚期，沿用至周初，主要用于军旅、祭祀、宴乐，常和钹配合演奏。

三羊对饮盼春来

青铜三羊罍（léi）

商代

江苏南京江宁区出土

三羊罍是祭祀时使用的盛酒器。这说明在 3000 多年前，中原商王朝势力已经到达长江中下游的江南地区。罍的肩部饰有三个羊头，羊角弯曲，羊头与横贯器具的扉棱（青铜器上常见的一种装饰，一般为凸出的条状）将腹部分为三个面，每面饰一饕餮纹。

古代器具上之所以常有三只羊、四只羊的形象，是古人取“太阳”的谐音，象征自然赐福。尤其是三只羊迎着太阳，更是代表对冬去春来、万物复苏的期盼。

酒香飘向九重天

春秋棘刺蟠虺（huǐ）纹尊

春秋时期
江苏武进淹城遗址出土

在商周青铜文化中，尊为大中型盛酒器，盛行于商代至西周时期，春秋后期已经少见。由于青铜贵重，尊在古代祭祀中也被作为重要的礼器。

虽然春秋战国是一个动荡的时期，思想却得到了解放，因此造就了文化艺术上百花齐放的繁荣景象。其中代表各地区文化的青铜器在此基础上高度发展，功能也由原王室的礼器变为各诸侯自铸的实用工具，成了社会商品和个人财富。各家诸侯为了彰显雍容华贵，在纹饰上，也一改商、周以来简约的兽面纹和夔龙纹等，而以繁缛为美。

春秋棘刺蟠虺纹尊口径27.1厘米，高26厘米，分三段式造型，侈口、扁鼓腹、高圈足。腹部满饰蟠虺纹，上有细密的棘刺，属于吴文化典型代表。

独舟扬帆三千年

独木舟

春秋

江苏武进淹城出土

1958 年，这只独木舟在 2800 年后重见天日。它由整段楠木挖空制成，形如梭，两端尖。经碳 -14 测定，当属春秋时期的遗物，是目前发现春秋时期最完整的独木舟。

遥远的家园：淹城遗址

位于江苏省常州市武进区湖塘镇西南。考古发掘推断其为西周初至春秋的古城遗址，是目前江苏境内保存最好的春秋时期的古城址，有三重城墙和三道城河，分为外城、内城、子城三重城垣。在内外城河及土墩中挖掘出独木船 4 只和数百件几何印纹硬陶器、原始青瓷器及青铜器。

火燎烟绕五香油

硬陶兽足炙（zhì）炉

战国早期
江苏无锡锡山区鸿山越墓出土

自从人类学会用火，烧烤就成了烹饪食物天经地义的方式。炙炉就是用来烧烤的炉子。“炙”字下面是火，上面是肉的变形。2000 多年前写就的《诗经》中已有这样的记述：“有兔斯首，燔之炙之。君子有酒，酌言酢之。”看来，先人也曾在喧闹的夜晚，一手撸串，一手干杯，享受快活人生啊！

考古小知识：无锡鸿山越墓

鸿山越墓位于江苏省无锡市锡山区鸿山镇东部，年代为战国早期，即越国最强盛的越王勾践时期。2003 年至 2005 年，在这里发掘了战国时期的越国贵族墓葬 7 座，出土各类随葬器物多达 2000 余件，涉及玉器、青瓷器、礼器、乐器等，其器类之齐全、造型之奇巧、工艺之精良、气势之恢宏，为春秋战国越国贵族墓葬之最。2004 年，鸿山越墓被评为全国十大考古新发现之一。

中原之礼绕越梁

陶瓷礼乐器

战国早期
江苏无锡锡山区鸿山越墓出土

仿青铜礼乐器应为春秋战国时期越人的独创。鸿山越墓出土的仿青铜礼乐器分为中原和越两个系统，中原系统的礼乐器尽管在造型上模仿中原礼乐器，在装饰上仍保留着越国风貌，因此，鸿山越墓出土的仿青铜礼乐

器不仅质地独特、数量巨大，而且器类复杂、器型罕见，对研究春秋战国时期越国乐器的种类与组合乃至越国的礼乐制度，有着重要意义。

沙场虎虎有“錞”声

青铜云纹虎钮錞（chún）于

春秋时期
江苏丹徒北山顶春秋墓出土

錞于是一种古代打击乐器，形如圆筒，上大下小，顶上有钮，可悬挂，常与鼓配合，用于指挥军队。錞于钮的造型有虎、龙、狮、马等多种，其中以虎钮最多，故常有“虎钮錞于”之称。

青铜云纹虎钮錞于，春秋晚期文物，于1984年出土于丹徒北山顶，一套三件，大小有序，整体呈椭圆筒形，顶部有圆盘与虎形钮。盘内、肩部和口部均饰以变形云雷纹，隧部两侧各有八条小龙组成的装饰图案。《淮南子·兵略训》中有记载：“两军相当，鼓錞相望。”

錞于属“六鼓四金”之器，“击鼓鸣金”中“金”有四种，除之前提到的铙（náo），錞于也在其中，剩下的两个分别是镯（zhuó）和铎（duó）。

美酒一杯歌一曲

青铜蟠龙纹钮镈（bó）

春秋时期

江苏丹徒北山顶春秋墓出土

镈是流行于东周时期的大型单个打击乐器，器身通常为椭圆筒形，形制似钟。贵族在宴飨（xiǎng）或祭祀时，常将它同编钟、编磬相配合使用，打击时单独悬挂。

青铜蟠龙纹钮镈由两条夔龙和六条小龙虬结而成，鼓部位四条变体龙纹两两相对，器身有铭文 72 字。

银壶化鸟梦飞翔

青铜错金银立鸟几何纹壶

战国时期

江苏涟水三里墩汉墓出土

推荐星级：★★★★★

青铜错金银立鸟几何纹壶是南京博物院镇馆之宝。它的壶盖顶部有五瓣梅花钮，钮的顶上立有一只双翅舒展的鸿雁，中间隆起的壶盖边缘蹲踞三只微张着嘴的雏鸟；壶的身体以三角云纹为主，腹部饰有菱形纹，纹饰使用错金银工艺，其间镶嵌着大小不一的绿松石，纹路细致入微，排列规整，颇有韵律之美。壶底的器足同样是三只展翅欲飞的立鸟，引吭高歌，灵巧可爱。

由于全器上下采用了立鸟装饰，使壶体产生了凌空欲动之感，动静结合，富有韵律美，整体采用镂刻、错金银、嵌宝石、鎏金银等多种金属工艺制作而成,其设计和制作构思奇巧，华丽凝重，可以想象在两千多年前它刚刚诞生的时候是多么光彩夺目。在经历了如此久远的时光之后，不但没有抹去那高超的设计与精湛的技艺，反而更笼罩了一层历史的厚重和端庄，令人心生敬意。

白首笑看鸟不啼

青铜鸠（jiū）杖

春秋时期
江苏镇江丹徒北山顶墓出土

所谓“鸠杖”，就是把手杖的扶手处制作成斑鸠鸟的形状。

其实早在汉代以前就有鸠杖。《后汉书·礼仪志》记载，汉明帝在位期间，曾安排了一次特殊的宴会，普天之下只要年满 70 岁，无论贵族还是平民都有资格成为汉明帝的座上客。盛宴之后，皇帝还给每人赠送酒肉谷米和一柄做工精美的手杖。

这件鸠杖由杖首、杖身和杖镦三部分组成，顶端是一只小鸟、底部是一个跪着的小人，杖身由木制成。

也许因为它的故事，鸠杖从此有了尊老的含义，或许它还是一种地位身份的象征。

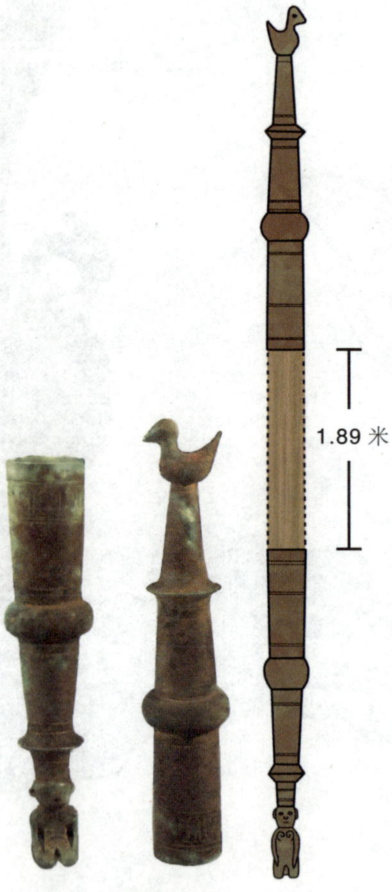

灵犀含水暖琼浆

青铜错金银牺尊

战国时期

江苏涟水三里墩汉墓出土

推荐星级：★★★★☆

在古代的文物中，商周青铜器以其丰富的造型、精湛的工艺和美丽的纹饰而显出独有的风采，以牛羊等动物为造型的尊被称为牺尊。

这件牺尊别具一格，是一件非常实用的温酒器。牛背正中孔穴中的锅形器可以容酒，牛腹中空，盛水后加温便可温酒。它采用错金银工艺制成：工匠先在表面预先铸出或预刻图案、铭文所需的凹槽，然后将金银丝或金银片镶嵌于凹槽中反复磨错，其目的是用两种金属不同光泽显现花纹美化器物，突出装饰效果。虽然战国时期青铜器的铸造走向了衰落，错金银的镶嵌工艺水平却在当时达到了顶峰。

金版金饼切开用

郢爰（yǐng yuán）

战国时期
江苏盱眙南窑庄窖藏出土

郢爰，又称“郢爯”“爰金”“版金”“印子金”，是战国时期楚国以黄金作为币材而铸造发行的主要流通货币之一。这块郢爰平面呈长方形，边缘斜直。纵长 12.2 厘米，横宽 8 厘米，重 610 克，正面有篆书“郢爰”阴文印记，纵 6 行，横 9 行，整印共 54 个，半印 6 个，6 个半印皆为同方向排列。这是我国至今发现最大的金版郢爰。

金版郢爰的形制和名称，未见当时的文献记载。北宋沈括在《梦溪笔谈》中称其为“印子金”，并将其上印记误读为“刘主”。清末金文学家方濬益称其为“郢爰”，吴大澂称其为“郢爰”金币，“郢爰”为楚国货币遂成定论。后，日本考古学家林巳奈夫和我国考古学家安志敏，根据东周铜器铭文，将“爰”字重新释读为“爯”，又有新的认识。

“郢爰”两字的含义，“郢”为楚国地名；根据考古发现，楚国浇铸金版并无固定的重量，而是根据金版延伸的范围钤印方印，因此，“爰”或“再”，实际上应该是这种完整金版的专有名称。在支付使用时，多是将“郢爰”剪切成小块，重新称其重量。

蟠龙梅花见群雄

错金银重络铜壶

战国时期
江苏盱眙南窑庄窖藏出土
推荐星级：★★★★★

这件国宝级青铜壶最夺人眼球之处是壶身玲珑剔透的三层镂空网套结构：壶上共装饰有 96 条卷曲的长龙和 576 朵盛开的金丝梅花，形成了长龙漫游花间的奇美景象。在网套上下两部分接合处的横箍上，分别交替排布着四只立兽和兽首衔环。它们神气威猛，似在守护着皇室的威严与气度。

在这件精美的铜壶上共有 3 段铭文，记录了一段跌宕起伏的历史事件。

战国时期，燕王哙（kuài）非常信任相国子之。为了成为一代贤君，他效仿尧舜禅让天下，将燕国全部交给子之决断。然而，燕国的经济民生并没有好转，反而愈加凋敝。在齐王的阴谋煽动下，燕国太子平与将军市合谋攻打子之，燕国陷入内乱。于是齐王趁机发兵攻打燕都城，在“士卒不战、城门不闭”的情况下获得大胜，掠获了大量燕国王室的宝物，这只重金络青铜壶就在其中。

这件铜壶在出土时，壶中装有重达 20 公斤的金器，其中壶口的金兽重达 9.1 千克，是国内出土最重的古代金器。这不得不让人猜想，铜壶的主人可能是为了躲避战争，将傍身的金器埋入地下，不幸发生了意外，铜壶因此在地下度过了 2000 多年。

郡国华章 汉家故里

（公元前 221—220）

秦朝末年，义军纷起，反抗秦室暴政，逐渐形成以项羽和刘邦为首的两大势力。秦亡，项羽自号西楚霸王，封刘邦为汉王。此后，经过四年“楚汉之争”，刘邦建立了统一的汉朝，吸取秦亡教训，实行分封与郡县并举的政策，开启了两汉四百年的恢宏历史，奠定了统一多民族国家的基础。

作为汉高祖刘邦的故乡和“龙兴之地”，江苏北部地区经济发达，政治地位显赫，先后分封了荆、吴、楚、江都、广陵、泗水、彭城、下邳等重要的诸侯王国。江苏两汉时期的城址、村落遗址、墓葬等文化遗存尤为丰富。在这些文化遗存中，以诸侯王陵最为突出。高邮天山广陵王陵、徐州狮子山楚王陵、盱眙大云山江都王陵等陵墓，出土了大量珍贵文物，堪称汉代文化宝库。

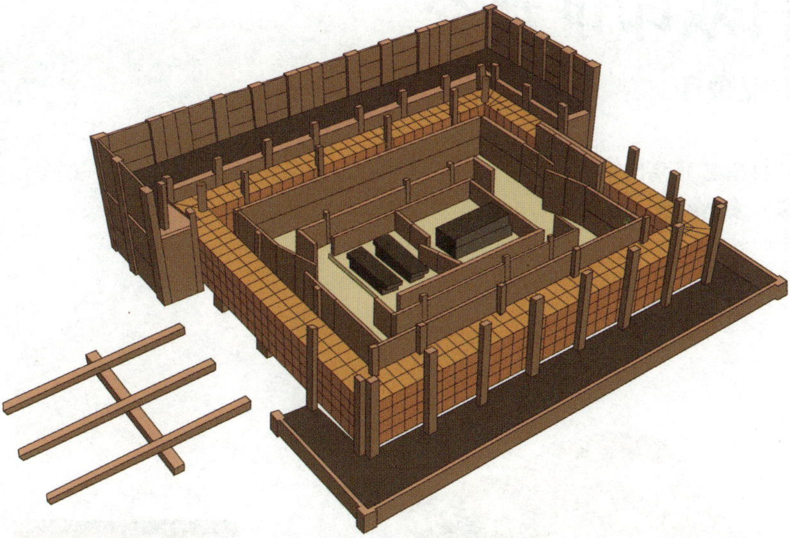

考古小知识：扬州甘泉山汉墓

甘泉山汉墓位于江苏省扬州市邗(hán)江区甘泉街道北，出土了铜雁足灯、错银铜牛灯、鎏金博山炉、金胜、漆九子奁、铜雁足灯等文物，并发现了“广陵王玺”金印，据此确定甘泉山汉墓墓主人为东汉广陵王。

考古小知识：黄肠题凑

黄肠题凑是西汉高等级陵墓中使用的一种墓葬结构，用一根根长条形的柏木枋垒筑起来，围护在椁室的四周。因为剥去树皮的柏木颜色淡黄，所以叫“黄肠”。“题”是头部，“凑”是聚集在一起的意思，柏木枋的脑袋都朝一个方向堆筑起来，就是“题凑”了。只有帝王和经皇帝特赐的个别勋臣贵戚才能使用黄肠题凑，所以目前考古发现的墓例较少。

中日双印证邦交

广陵王玺金印

东汉
江苏邗江甘泉 2 号墓出土
推荐星级：★★★★★

广陵王玺金印系纯金铸成，制作精工，光灿如新。印台呈方形，重 123 克，龟钮。龟钮的背上铸有六角形图案组成的龟背纹。龟甲的周缘、双眼、四肢等部位，均錾有小圆圈形的花纹——俗称鱼子纹。印面阴刻篆文“广陵王玺”，布局疏密有致，行笔直中有曲，坚挺饱满，古朴凝重。全印设计精妙，制作工整，为汉印上佳之作。金印的主人推设为东汉光武帝刘秀的第九子广陵王刘荆。

日本倭奴国王金印

在日本九州福冈博物馆收藏了一枚“汉倭奴国王”蛇钮金印，这枚金印出土于日本北九州地区博多湾志贺岛。金印呈方形，上缀蛇钮，钮上满錾鱼子纹，印面阴刻篆文“汉倭奴国王”五字。

中日史学家对比发现，这两枚金印的大小、花纹、雕法、字体惊人的相似，并且前后只相差一年，因此，中日许多学者怀疑这两枚金印出自同一工匠之手。“广陵王玺”和“汉倭奴国王”金印的发现，第一次从史实的角度证明了2000多年前中日之间的交往，至少在西汉时期中国与日本的海上交通已经通达。

重金妖兽镇邪魔

金兽

西汉

江苏盱眙南窑庄窖藏出土

推荐星级：★★★★★

金兽是迄今我国出土文物中最大、最重的金器，集金属铸造和捶击工艺于一身，被誉为“国之瑰宝”。

金兽重达 9100 克，含金量达 99%，通体呈金黄色，表面布满大小一致的圆形斑纹，如同鳞片，熠熠闪光。头顶有一环钮，颈部有一三轮项圈，两只圆睁的眼睛炯炯有神，张口露齿，耳朵紧贴在脑袋两侧，身体蜷伏成一团，长尾环绕后股深入腹下，两前爪八个指头整整齐齐地呈一字排列，神态十分警觉，似在守护着极为重要的物件。

它的用途，众说纷纭。根据金兽头顶的环钮，有人推测它是国库专用的金质“权”，即古代测量物品重量的秤砣。也有学者从虎豹镇魔避邪的角度出发，认为是“镇”。此外，一些研究者综合了这两种说法，认为它是封建王朝国库的“镇库兽”。

金石之乐礼庙堂

铜编钟

西汉

江苏盱眙大云山江都王陵出土

在中国古代，编钟是重要场合所用的大型打击乐器，兴起于周朝，盛于春秋战国直至秦汉。它与编磬构成的“金石之乐”，也被称作“庙堂之乐”。编钟还是等级和权力的象征，只有在天子、诸侯行礼作乐时方能使用。

编钟由青铜铸成，钟体越小，音调越高。演奏时，由大小不同的编钟按照音调高低的次序排列，悬挂在钟架上，用木槌敲打发出不同的乐音。

这套编钟是大云山1号汉墓墓主人刘非的随葬品，是第三次出土的成套西汉编钟。

考古小知识：盱眙大云山汉墓

大云山汉墓位于江苏省盱眙县马坝镇云山村大云山，发掘时间为2009年至2011年，整个墓葬区有主墓3座、陪葬墓13座、车马陪葬坑和兵器陪葬坑各2座，其中1号墓的墓主人确认为西汉第一代江都王刘非。出土遗物包括陶器、铜器、金银器、玉器、漆器等1万余件（套），许多遗物为首次发现，尤其是编钟、编磬、玉棺、金缕玉衣等都极为罕见。

昂首衔灯夜不眠

鎏金铜鹿灯

西汉

江苏盱眙大云山江都王陵出土

鹿灯一组两件，大小形制相同，由灯盘、支架、鹿座三部分组成，通体鎏金。鹿昂首，口中衔支架，上承盘。灯盘为环状凹槽，内置三只圆锥状烛钎。支架为灵芝造型，呈横S状，上有柿蒂纹花瓣和花苞。鹿座呈向后蹲踞状，鹿尾贴地。鹿角单独铸造，可自由拆卸。

鹿是古代瑞兽之一，是祥和、财富和地位的象征。整件鹿灯锻造精良、设计科学、结构合理、功能突出，彰显出汉代文化的丰富内涵，可称为中国古代灯具设计的典范。

半醉半醒酒香来

错金银嵌宝石鸟柄鎏金铜汲（jí）酒器

西汉

江苏盱眙大云山江都王陵出土

汲酒器顶端饰一鸟，鸟首回顾，双翅合拢，尾部下翘。鸟身上以金银间错羽纹。中部为细长条圆柱形，由上至下饰三道箍状纹，第一、二道箍状纹皆以错金银技法饰云气纹，下端第三道箍状纹通体鎏金，素面。底部呈罐形，宽肩，折腹处饰一周箍状纹，斜弧腹，矮圈足。底部中心与顶端中心各有一穿孔，上下贯通。通体鎏金。

这件汲酒器利用大气压强的原理，通过一松一按器身上下的两个小孔，灵活调节取酒量。取酒时，将汲酒器浸入酒缸，酒从罐底小孔内吸入，空气则从顶端小孔排出；然后，再按住顶端小孔，由于内部气压小于外部，酒就被大气压封在了容器里，当提起汲酒器，酒也不会漏出来。当松开小孔时，容器内外的大气压相互抵消，酒便可以正常流出，设计十分巧妙。

五分天下百味汤

铜分格鼎

西汉

江苏盱眙大云山江都王陵出土

看到这鼎，立刻想到如今的鸳鸯火锅，但它可不止盛放两种锅底，还可以再多放三种。

当年的墓主、西汉江都王刘非可谓是一位十足的“吃货”，可以想象到他带着一家老小，其乐融融地围坐一起，吃着热气腾腾的火锅的情景。

这件分格鼎出土时，旁边配有两套“染器”。中国古代称调味品为染，食肉时常以酱、盐等为佐料，这些佐料是放在耳杯中的。染器分三部分：主体为炭炉，下部是承接炭灰的盘体，上面放置一具活动的杯。这是因为汉代人习惯用较烫的调料，所以须用染炉不断加温。就是不知道刘非更喜欢蒜泥油盘还是麻酱小料呢？

汉代铜鼎中礼器功用逐渐下降，大多作为食器使用，此鼎便是如此。

虎噬巨熊镇四方

错金银嵌宝石虎噬熊铜镇

西汉

江苏盱眙大云山江都王陵出土

“镇”是压在物体上面的重物，如纸镇、席镇等。

魏晋以前，古人喜欢席地而坐。因席子卷边，起身时容易移动，古人就在席子的四角各放一个镇子，称为席镇。

席镇多由玉石、青铜、黄金、陶瓷等较重的材质制作，其造型因各朝各代人们思想意识、审美取向的不同而衍生出各种样式，除少量人物，其余大都为生肖动物，常见的有虎、狮、豹、龟、鹿、羊等，动物常作蜷缩状，以保持席镇半球形状。

这组席镇设计独具匠心，其造型极具故事性，一头老虎与熊正撕扯成一团，老虎双目圆睁，正紧咬着熊，熊痛苦地张着大嘴露出牙齿，似在呼喊。每件席镇镶嵌着各种颜色、形态各异的玛瑙、玉石、绿松石等宝石，并配以金银纹饰，制作格外考究、极尽奢华。

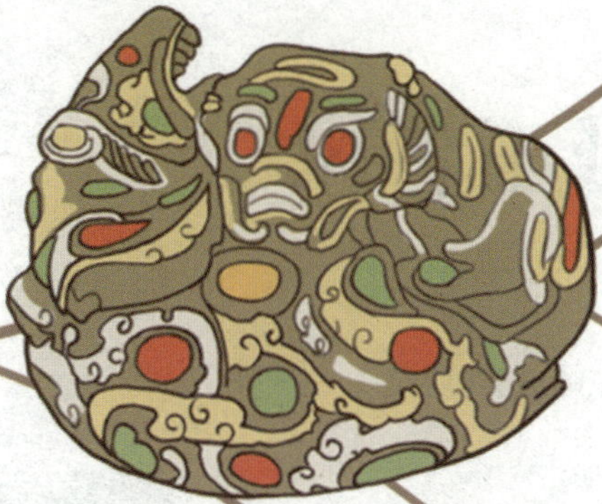

虎虎生威王者风

铜虎

西汉

江苏盱眙大云山江都王陵出土

铜虎一组两件，采用写实手法制成。两虎昂首瞠目，威猛雄健，眼珠镶以黑色矿料，通体以错金银工艺装饰为虎斑纹。

中国古人认为灵魂不灭，事死如事生，生前很多喜爱之物会作为陪葬品随主人一起下葬，这样厚葬的习俗在汉代尤为盛行。所以考古工作者碰到汉代墓葬，总会心生欢喜。这对铜虎出土于江苏盱眙大云山江都王陵刘非墓，王陵面积 25 万平方米，相当于 35 个足球场那么大。虽多次被盗，仍然出土了 1 万多件文物，被列为 2011 年全国十大考古新发现之一。

这两件铜虎和其他锋利无比的兵器、精致奢华的车马器、铜器等，共同勾勒出江都王刘非尚武的一面，也展现了这位 15 岁少年的王者之气、威武之风。

此情长存毋相忘

“长毋（wú）相忘”铭合符银带钩

西汉
江苏盱眙大云山江都王陵出土
推荐星级：★★★★★

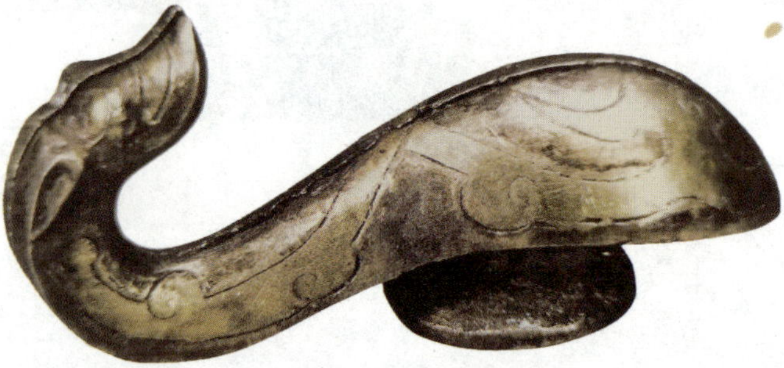

无论时间如何流逝，无论身处富贵还是贫穷，无论在宫廷还是民间，爱情都是人类永恒的主题。古人与今天的我们一样，对情感充满了浪漫的想象与天长地久的渴望，因此，用于表达爱情、寄托愿望的物品也多种多样。

银带钩出土时是咬合在一起的，钩钮底部用不同金属铸造出三个同心圆，寓意“永结同心”。

后来，考古人员在清理修复文物的过程中，又发现带钩中深藏的小秘密——带钩中间有条缝，内侧有阴刻与阳刻吻合在一起的四字小篆“长毋相忘”。“长毋相忘”与“长乐未央”都是秦汉时期常用的吉祥祝福语，寓意是情长意久，永不相忘。

灿灿草原展雄风

金腰带扣

西汉

江苏徐州狮子山楚王陵出土

推荐星级：★★★☆☆

金腰带扣出土于徐州狮子山楚王陵外墓道耳室的兵器堆中，是迄今为止发现的质量最好的胡式带具，也是金带扣中国化的典型代表。

此带扣由一对形状相同、图案相对的金板构成。正面以浅浮雕技法描绘了猛兽激烈咬斗的场景，边缘饰以钩喙鸟首纹，中间留有镂孔用于穿带，背面光素，四周具有边框，中部为两个横向双环钮。

先秦到汉代时，带有北方草原风格的装饰图案在南方很多地区都有出现，猛兽咬斗是极为常见的一种。

这或许与春秋时代推行胡服骑射有关。那时胡服衣冠与外族带扣随之涌入中原地区，为上流人士喜爱，成为身份和财富的象征。这也表明汉代和北方草原民族密切的交流和往来，以及当时的草原文明对汉帝国诸侯王日常生活的影响。

蜷曲只待出水时

玉龙

西汉
江苏徐州狮子山楚王陵出土

玉龙质地为新疆和田白玉，造型为单体龙，身体蜷曲，呈S形。这件玉龙继承战国玉龙的雕琢风格，采用阴线刻、浮雕和局部透雕等技法，把龙潜深渊、蛰伏待时的意蕴刻画得淋漓尽致。玉龙眼睛下方有一钻孔，为佩戴时的系穿用孔，表明这件玉龙为配饰。

考古小知识：狮子山楚王墓

狮子山楚王墓位于徐州市区东部，墓葬依山为陵，凿石为藏，由外墓道、天井、内墓道、甬道以及 12 个墓室组成，出土各类遗物近 2000 件（套）。陵区内除楚王墓和王后墓，还分布着数量众多的陪葬坑、陪葬墓、陵寝建筑遗址等。1995 年入选“全国十大考古新发现”。

游龙云海腾香韵

鎏金铜熏炉

西汉

江苏徐州龟山汉墓出土

熏炉流行于西汉。鎏金铜熏炉由炉盖、炉身、炉座三部分组成，器形如豆，通体铜铸、鎏金；弧形盖，顶饰环钮，周围镂雕螭龙，首尾衔接；炉身为豆形，曲腹，腹部有微凸起的一周纹带，两侧各有铺首衔环。炉座三凤，器型端庄大气。炉身上下腹、托柄、圈足等处饰有云气纹。

古人有焚香的习俗，一是因为迷信鬼神，以烟雾作为传递媒介发出自己的祈愿；二是古人席地而居，燃香草可以祛除湿气；三是古代皇室用蕙草熏香衣被，以显示华贵的生活品质。

鎏金是古代金属工艺装饰技法中的一种。将金溶解在水银中，然后涂在铜器表面，通过加热使水银蒸发，让金牢固附着在铜器表面，形成光亮的黄金镀层。

考古小知识：徐州龟山汉墓

龟山汉墓位于江苏徐州九里区拾屯镇小龟山西麓，墓葬由 2 条墓道、甬道和 15 个墓室组成。墓内凿有完整的排水系统，在南甬道前端置一块 44 字的刻铭塞石，意为劝阻盗墓者。出土文物 100 余件，并有刻有“刘注”字样的龟钮银印，据此能够确定墓主人为西汉第六代楚王刘注。

弩是由弓发展而成的远程射杀性武器，其大约产生于战国时期。弩是由弩臂、弓和弩机构成，“弩臂”通常为木制；“弓”横装于弩臂前部；“弩机”安装在弩臂后部，是弩的关键部件。弩机是一种铜或铁制的联动机械装置，由牙、悬刀、郭、钩心和枢轴等部件构成。使用时，将弦张开以弩机扣住，把箭置于弩臂上的矢道内，瞄准目标，而后扳动弩机，弓弦回弹，箭即射出。弩机在公元前成为我国军事中的重要武器，对古代战争产生了重要影响，被称为“中国之利器”。

错金银铜弩机保存完好，制作精良，郭、望山、牙、钩心、悬刀等部分均可转动自如，弩机的望山、双牙、转轮和郭台等处施错金银装饰图案，这些图案构图科学复杂、刻画栩栩如生，尤其值得一提的是郭台及箭槽内的图案，郭台后部为白虎吞兽图，前部则为奔鹿图；箭槽中刻画了一支脱弦而出的金色利箭，前方是两只仓皇出逃的大雁，整个构图构思巧妙、独具匠心。

一箭双雕独匠心

错金银铜弩机

西汉
江苏泗阳大青墩汉墓出土
推荐星级：★★★☆☆

千丝万缕连玉衣

银缕玉衣

东汉

江苏徐州土山汉墓出土

推荐星级：★★★★★

银缕玉衣出土于徐州，全长1.7米，由玉片和银丝构成，共使用玉片2600余片，银丝800余克，整件玉衣除了头罩、上衣、裤子、手套和鞋，还包括拇指、眼盖、鼻塞、耳塞和口含等九窍塞，目的是防止人体的精气外泄。

汉人认为玉是美石，是山岳精华，将玉置于人的九窍，人的精气不会外泄，就能使尸骨不腐，可求来世再生，所以用于丧葬的玉器在汉玉中占有重要的地位。玉衣又称"玉匣""玉柙"，是古代皇帝和贵族死后穿的敛服，分金缕、银缕、铜缕、丝缕几种。编缀玉衣所用线的材质是等级划分的见证，《后汉书·礼仪志》明确记载："帝崩，唅以珠，缠以缇缯十二重。以玉为襦，如铠状，连缝之，以黄金为缕。腰以下以玉为札，长一尺，广二

寸半，为柙，下至足，亦缝以黄金缕……诸侯王、列侯、始封贵人、公主薨，皆令赠印玺、玉柙银缕；大贵人、长公主铜缕。”

玉衣的出现和流行，与汉代儒家“贵玉”的思想有关。葬玉最能显示墓主人身份和品德，汉代统治者甚至还相信玉衣有奇特功效，能保尸骨长存，于是在这种厚葬之风日甚的背景下，玉衣便出现了。

考古小知识：徐州土山汉墓

土山汉墓位于江苏徐州云龙山北麓，俗称土山。该墓由三座墓葬组成，规格较高，属东汉诸侯王级别，发掘前后历时40余年，出土了包括银缕玉衣、鎏金兽形砚等文物4800余件。2021年4月，江苏徐州土山2号墓入选“2020年度全国十大考古新发现”。

淡墨清开现乌龙

鎏金银嵌宝石兽形铜砚盒

东汉

江苏徐州土山汉墓出土

推荐星级：★★★★★

笔、墨、纸、砚被称为中国传统的“文房四宝”，为历代文人所重视。砚台是伴随着笔和墨的发展而发展起来的。砚盒又称砚匣，是用来安置砚台所用。古人云：“砚无床，不称王。”意思就是说一方佳砚须配好砚盒。

鎏金银嵌宝石兽形铜砚盒为伏地兽形，双角，有翼，背上正中设一钮，可系绳。通体鎏金银，并镶嵌有珊瑚、青金石、绿松石等。砚盒分盖、底两部分，以子母扣相合，内嵌一石砚。砚盒工艺精湛，造型独特，代表了汉代工艺的最高水平，是一件不可多得的工艺珍品。

千年烟火石中刻

画像石墓

东汉
江苏邳州山头遗址出土

西汉末至东汉时期，一些高官显贵和地主豪强流行在墓中用石刻画像作为装饰，称为画像石墓。汉画像石的故事内容既有现实生活、历史故事、神话幻想，也有原始图腾、儒家教义等，充满了对当下生活的眷恋和对未来世界的希冀，生动地再现了汉代社会生活的各个方面，是“汉代社会的缩影”。

男耕女织入石身

纺织图画像石

东汉

江苏泗洪出土

推荐星级：★★★☆☆

纺织图画像石采用东汉中晚期盛行的平面浅浮雕技法雕刻而成，内容从上至下分四层。第一、第三、第四层分别为迎宾、烹饪、祭祀等场景，第二层为“纺织图”，画面上共有三人，主题是“曾母投杼”。左边坐在织机旁的是曾母，中间跪着的是曾参，右边站着的男子为“谗言者”。整个画面主次分明、结构有序、细腻生动，将历史故事与纺织合二为一，构图别具一格，是汉代纺织图中具有代表性的一幅。

秦汉时期，我国纺织业的生产规模以及织造技术均有很大发展，江苏地区汉墓出土的纺织业实物，结合有关史料记载，当时纺织业已经十分普遍，男耕女织是解决衣食的主要生产方式。当时的纺织原料，有葛、麻、蚕丝等几种。

六朝迭兴 江东风流（222—589）

3 世纪至 6 世纪，吴、东晋、宋、齐、梁、陈六国相继在南京建都，史称“六朝”。疆域北达江淮，南至交广，西抵巴蜀，东临沧海。相对北方地区的战争频仍，经济窒息，文化衰退，六朝则社会较为稳定。北方士人和劳动民众大量南迁、江南经济得到进一步开发，逐渐赶上并超过黄河流域，中国经济重心南移。六朝时期科学、技术、思想、艺术诸领域皆取得辉煌成就，在汉末战乱里濒于毁灭的汉文化传统得以保存和发展，开创了风采绰约、意义深远的六朝文化。

斗转星移瞰神兽

陵墓石刻

南朝
江苏南京附近陵墓前遗存

南朝陵墓石刻是指分布于南京附近（包括江宁、句容、丹阳）的南朝宋、齐、梁、陈帝王诸侯陵墓前的神道石刻遗存。从现存石刻来看，通常为三种六件：石兽一对、石柱一对和石碑一对（但有的墓葬石碑有所增加）。其中帝陵前的石兽均有角，单角为麒麟，双角为天禄；诸侯王墓前为无角，称辟邪。均有翼。这些石刻体制巨大、形象浑厚朴实、造型精巧、雕刻技法高超，是闻名中外的珍贵艺术品。

盾牌依旧当空舞

持盾彩绘陶俑

东晋
江苏南京富贵山东晋大墓出土

东晋执盾武士陶俑两件，均头戴冠，冠上有一横簪，拜系两扣，圆脸，方耳，露颐削肩，嘴唇涂朱。身着右衽窄袖短衣，衣不过膝，足着尖靴，左手持盾，盾呈圭形，盾为圆角长方形，正面涂朱。右手所持兵器已失。

陶俑为含有翎砂质的黏土制作成，灰色。制作时先分别模制俑的头部和身部，然后将颈部延长部分插入衣领内，黏合在一起，再在泥坯上刻画衣纹褶皱及面部加工，最后入窑烘烧。俑体表面的陶质都很坚硬，体内陶质比较松软。

雨过天青云破处

青瓷羊

西晋

江苏南京西岗出土

青瓷羊，青瓷，胎质灰白色，胎土纯净，釉色匀整，紧贴胎土，亦无开裂纹，烧造技术较精。羊身躯肥壮，张口、竖耳，似正咩咩地叫着，腹部刻画双翼，四足蜷曲呈俯卧状，头部有一圆孔可插物。羊，东汉许慎《说文解字》中说："羊，祥也。""羊"通"祥"，吉羊即吉祥，富有吉祥、善良和美好之意。

青瓷即青釉瓷器，是我国古代瓷器中最古老的品种。它是以高岭土作胎，器表施以含有二价铁元素的石灰釉，在1200℃以上的高温还原焰中烧成，以青绿色为主色调的传统瓷器。青瓷是在先民长期烧制印纹硬陶的基础上发展而来的，用以替代青铜器的礼器或日用器皿。由于青瓷就地取材，制作简便，成本低廉，造型、呈色与青铜器十分相似，所以迅速发展起来，成为青铜器最好的替代品。

神兽含珠镇墓邪

青釉瓷神兽尊

西晋

江苏宜兴周墓墩出土

推荐星级：★★★★☆

青瓷神兽尊，盘口，短颈，斜肩，长圆腹，平底稍向内凹，肩与腹之间两侧各有三系，腹壁浮雕神兽一只，头部双眼突出，口内含珠，颔下有须，体饰四爪、双翼、脊毛和尾，雕刻生动，制作较精。器底外部刻写“东州”二字。遍体内外施青釉，细腻、光洁、致密、匀整、晶莹滋润，棕色胎。

整体看来，这件器物，以一只神兽的首部，堆塑在它的腹上以为装饰，昂首张口，嘴内含珠，以器

腹为兽腹，以器耳为兽耳，四爪、双翼、羽毛、脊尾饰在全器各部上，设计新颖，形制美观，是一件造型、制作各方面均佳的美术工艺品。

这件神兽尊神态生动，雄劲有力，和六朝陵墓前的石刻神兽作风极似，应属于镇墓祛邪的器物一类。从其制作和形制各方面观察，都比以前进步，这给隋唐时期的瓷器发展和突飞猛进，奠定了很好的基础。

以牛代马尚清风

陶牛车

南朝
江苏南京砂石山南朝墓出土

陶牛车，灰陶质，牛车相配，双辕，辕间横置一衡，辕内套一牛，牛形象朴实，延颈伸首，昂首目视前方，站立做驾辕状。车厢长方形，车顶卷棚，前后两面开有门，左右两面全封闭，两壁皆有 3 个小孔。双车毂形制简单，有辐条 10 余根。

先秦时期，以马为贵，牛主要用来耕田和运输，用牛车出行是卑贱的象征。

东汉末年，战乱频发，很多马战死沙场，牛因耕地逃过一劫。此后，牛车地位逐渐上升，贵族士大夫崇尚清淡，而乘牛车或破

车正是为官清廉、名士风度的体现。

六朝时，由于南方马匹稀缺，加之玄学的影响，乘坐牛车成为南方士大夫中盛行的风气，《晋书·舆服志》载："古之贵者不乘牛车，汉武帝推恩之末，诸侯寡弱，贫者至乘牛车，其后稍见贵之。自灵献以来，天子至士遂以为常乘。"出行乘坐牛车不仅成为一时之风尚，而且成为一种制度，《晋书·舆服志》中记载，一定品秩以上的官员享受赐牛车、加车的待遇。

生前富贵堆满仓

堆塑罐

东吴

江苏南京赵士岗出土

推荐星级：★★★★☆

堆塑罐又称“谷仓罐”“魂瓶”，是东吴到西晋时特有的一种青瓷明器，专门用于随葬。这件堆塑罐分上下两部分，下部为罐体，圆唇，肩部出沿微上翘，弧腹，凹底，腹部有飞鸟贴塑。上部为堆塑部分，共分两层：上层堆塑了大量的飞禽走兽；下层排列一圈人像，造像基本一致，头上戴帽，头部微向下倾，神态平和，均结跏趺坐，身披通肩大衣，衣纹稀疏，居中下垂，底置莲花座。人像两侧似还饰有一对异兽。整个器物需要整体的构思，是设计与工艺的完美结合，反映出当时青瓷制作的高超水平。

一般认为，堆塑罐的造型是从东汉的五联罐发展、演变而来的，因其上部常用堆塑装饰工艺，装饰多样的飞鸟、走兽、人物、亭台、楼阁等造型，故被称为“堆塑罐”，罐身常开有数量不等的圆孔，有的堆塑罐在出土时内装谷子，并有“廪”字铭文，从其性质、用途分析，学术界也常称之为“谷仓罐”或“魂瓶”。

在这一时期，佛教及其造像形式经过陆路进入中原的同时，也通过海路来到建邺。佛像在当时被作为一种辟邪或象征吉祥的纹样，与中国传统民俗图样掺杂并列，交互布局。其中以堆塑罐的图样最为繁缛，包括铺首、麒麟、仙人骑兽、凤凰、龟、鸟以及人物百兽等。

身生双翼乘飞龙

羽人御龙纹金珰

东晋
江苏吴中张陵山张镇墓出土

羽人御龙纹金珰中央饰镂空羽人御龙纹，羽人披发着冠，身体修长，体态优雅，手执仙草，驾驭着一条神龙，周身用细小金粟纹焊接而成。金珰冠饰构思奇巧、制作精致，是六朝时期不可多得的艺术精品。

羽人最早出现在《山海经》，称“羽民”。羽人因身有羽翼能飞，因此与不死同义。道教将道士称羽士，将成仙称“羽化登升”。

“金珰”，是武官的冠前饰物。东汉以后侍中、中常侍加金珰，这是后世宦官称珰的由来。

戴上满头小花花

金花钿

东晋

江苏南京赵士岗出土

金花钿呈花瓣状，花蕊中央有圆形穿孔，花蕊及花瓣轮廓从背面碾压。花瓣中央焊有心形突起，内嵌绿松石或其他红色玉石粒，四周满焊细小的金粟粒。金花钿最初是步摇上的附属装饰物，之后逐渐形成了完整的六瓣花形，并成为步摇的主体，在此后的发展中又与其他首饰组合，构成了完备的礼制性女性头冠饰。

悠悠天地七子心

《竹林七贤与荣启期》模印砖画

南朝
江苏南京西善桥宫山大墓出土
推荐星级：★★★★★

《竹林七贤与荣启期》模印砖画是南京博物院的镇馆之宝，出土于南京西善桥宫山大墓，南壁壁画自外而内为嵇康、阮籍、山涛、王戎四人，北壁自外而内为向秀、刘伶、阮咸、荣启期四人，各人之间以树木分隔成各自独立的画面。壁画人物的形象处理得很好，恰如其分地把八个人的独特性格，用他们最典型的表现刻画出来，神情生动。整个壁画应该是先在整幅绢上画好，分段刻成木模，印在砖坯上，再在每块砖的侧面刻就行次号焉，待砖烧就，依次拼对而成。

从壁画的技法上看，衣褶枝条刚劲柔和兼而有之，人物比例匀称，是相当成熟的画师的作品。与今天流传的晋代绘画相较，和顾恺之有很多相似之处：它与《女史箴图》同样地表现了那种“如春蚕吐丝”般的有韵律的线条和典雅的风格；壁画中的银杏、垂柳与《洛神赋图卷》中的手法几乎全相同，彰显出我国山水画的早期风格。

隋唐华彩 东南都会

（581—907）

隋的统一，为唐的繁荣作好了全方位的准备。盛世大唐，三百余年，经济繁荣昌盛，文化兴旺发达，百姓安居乐业，社会朝气蓬勃，国家活力四射。不仅洋溢着刚健有为、奋发向上的精神风貌，而且展现出兼容并蓄、自信大度的宽阔胸怀。海上和陆路丝绸之路的通畅，促进了中外贸易往来和文化交流，使唐朝成为东亚文明圈的核心和全球范围内最为富强的国家。

唐代江苏，农业生产稳步发展，成为全国最大的粮食输出地。大运河的开凿，加速了经济中心的南移，商品经济空前繁荣，手工艺品日益精巧，城市生活繁花似锦。盐城、泰州已成为东南沿海重要的盐业生产中心，设有盐城监、海陵监等机构，每岁煮盐达百余万石。扬州成为全国最繁华的工商业城市，经济地位超过了长安、洛阳。享有“天下之盛，扬为首”的说法。

雄鸡鸣唱五德兴

青釉瓷鸡首壶

隋代

江苏连云港锦屏山出土

青釉瓷鸡首壶，顾名思义，因壶嘴塑成鸡首形状而得名。这件鸡首壶，小盘口，长颈，鼓腹，平底。颈部饰三道凸弦纹，肩部有一对称双系。龙形柄，龙首向上至壶口，口衔盘沿。对称处有一只形象逼真的鸡首，鸡嘴微张，刻冠划睛，鸡冠直立，双目传神。内施釉至口部，外施半釉，釉色青黄，釉层较厚，灰白胎。该鸡首壶将动物造型十分巧妙地融入实用器器体之中，鸡首龙头，生动逼真、意趣盎然，展现了古人丰富的想象力和艺术创造力。

从汉代开始，鸡被称为具有文、武、勇、仁、信五德的“德禽”。因此从六朝到唐代，以鸡为装饰的瓷器盛行一时。

遥远的家园：唐代扬州城

唐代的扬州城是由子城和罗城构成的“重城”格局。子城是官府衙门集中之地，建筑在蜀冈之上，罗城在蜀冈之下，与子城相连接，是居民和工商业集中的区域。其规模仅次于长安城和洛阳城，是地方城市中面积最大的。从 20 世纪 70 年代开始，陆续在罗城内发现了唐代的手工业作坊遗址、木船、河道、桥梁和佛教寺院遗址，真实反映了唐代扬州的兴盛。

双鱼琼浆贺富贵

三彩陶双鱼瓶

唐代
江苏扬州扫垢山遗址出土

三彩陶双鱼瓶表面为绿、黄、褐三色釉，三色互相浸润交融，色彩斑斓。瓶身为并列吉祥合欢的双鱼形，鱼口即瓶口，双脊即为双系，尾部制成瓶底，鱼目、鱼鳞、鱼鳍一应俱全。双脊间有穿系小孔，便于系绳，既实用又美观，反映了工艺上的高超造诣。这与中原地区三彩器的稳重、浑厚有明显不同，属南方三彩器的典型特征。

双鱼瓶是唐代流行的瓶式之一，白居易诗云：“何如家酝双鱼榼，雪夜花时长在前。”双鱼榼即双鱼瓶，是唐代常见的盛酒之器。因鱼与“余”同音，所以鱼是象征“富贵有余”的吉祥图案。

沧海月坠人鱼泪

人首鱼身陶俑 / 人首蛇身陶俑

南唐

江苏南京祖堂山南唐钦陵出土

两件陶俑制作考究，人首与鱼身、蛇身融为一体。

人首鱼身陶俑的头部是一个戴着帽冠的男子，身体是一条鱼，左右有鳍（qí），表面鳞状纹饰细，肩部则生出一对翅膀，这不是东方的美人鱼吗？《山海经·西山经》中写道：“竹山，丹水出焉，东南流注于洛水,其中多水玉,多人鱼。”

人首蛇身俑做两条人首蛇身互相缠绕的姿态，两人首为反方向。人首蛇身之神常见于古代记载中。《山海经·北山经》载：“自单狐之山至于堤山……其神皆人面蛇身。”这种神像也常见于汉画像石上，其双人首而蛇身相交绕的，皆为伏羲、女娲像。南唐二陵的人首蛇身像，可能仍是代表伏羲、女娲。

当我们看到这些奇异俑像的时候，不但不觉得它们狰狞可怖，反而感到它们是和蔼可亲的，富有人情味。这说明了当时的匠师们，一方面对古代神话有深刻的体会，因而能将人首和动物的身子巧妙的配合起来，做出非常和谐的形象；一方面还成功地把人的感情注入这些形象的身上，使这些和唐代镇墓兽性质相近的神物也变成了具有人性的东西。

长袖飘飘舞逍遥

陶男俑

陶女俑

陶舞俑

南唐

江苏南京祖堂山南唐钦陵出土

陶男俑泥质灰陶，胡人形象，脸涂很厚的白粉，上施红粉，双目圆睁，嘴角上翘，颌下有须。头戴幞头，身着翻领舞衣，腰束锦带，袒胸露腹，足蹬长靴，一足微微踮起，做扬袖起舞的姿态，整个造型洋溢着喜悦之情。

女俑面部涂很厚的白粉，再施红粉，唇上有丹朱的痕迹。头梳高髻，髻上有云钩形饰物，舞衣上斜披披巾，脚部被长裙遮掩，身姿做扬手起舞的姿态，表现出一种柔和纤丽的美。

考古小知识：南唐二陵

南唐二陵位于南京江宁东山乡祖堂山南，分别为南唐先祖李昪的钦陵和中主李璟的顺陵。二陵均坐北朝南，无地面遗存，出土文物有陶俑、陶兽、陶禽以及铜、铁、漆、木器和玉哀册等文物 640 余件。

赢得生前身后名

玉册

南唐

江苏南京祖堂山南唐钦陵出土

推荐星级：★★★☆☆

玉册由哀册和谥册两部分构成，由和田青玉制成。玉片裁齐磨光，每片大小相等，作扁平长方形。玉册正面刻竖排楷书金字，三行，系先琢刻文字，后充填金粉而成。这套玉册出土于南京祖堂山南唐先主李昪的钦陵，出土时贮于一石函内，经考古学家反复编排，玉册原数应为42片，上下排各20片，刻着册文，最前还有两片，刻着某某皇帝哀册或谥册一行字。从这些玉册的玉质、刻工、填金各方面，可以看出南唐当时的经济力量是比较充裕的，并且有着技术娴熟的刻玉工人。

谥册是古代皇帝驾崩后在陵前请谥号和庙号时所读的册文，哀册文为下葬日举行送葬仪式时所读的最后一篇祭文。战国时期，玉册已出现。唐宋时期，玉册是重大礼制活动中的仪具。

江淮多姿
宋元气象

（960—1368）

宋朝结束了长期群雄割据的局面，政治开明，社会矛盾缓解，工商业兴盛，文化科技发达，社会步入了新的发展时期。南宋时，扬州成为控扼江淮的军事要地，江南地区社会相对安定，成为全国的经济重心。稻麦两熟制推广，粮食产量远超前朝，时谚有云："苏湖熟，天下足。"丝麻棉业生产逐渐专业化，髹漆工艺不断提升，商品远销海外。江南地区出现了以苏州、江宁为代表的手工业重镇和新兴商业中心。镇江位于长江和大运河的交汇点，是江南运河的起点，承担着太湖和钱塘江地区漕粮、贡赋的中转重任，成为南北要冲。城市人口大增，商人地位提高，市民阶层出现，市井生活多彩多姿。元代，扬州是"十二省治所之一"，苏州、南京和松江成为全国的丝织业和棉纺业中心，仅南京城内的丝织工匠就多达两万人。文人书画艺术勃兴，出现了黄公望、倪瓒等一代大师，影响深远。

白釉黑彩泼水墨

白釉黑花瓷镜盒

北宋

白釉黑花瓷镜盒为圆形，直腹、折腰，小圈足，由盒身和盒盖两部分构成，身盖相接处设子母口。外满釉，白地黑彩，内施酱釉，盖面饰双如意形钮，绘慈姑叶、荷叶、莲花，中心绘三道弦纹，内书“镜盒”两字；腹部绘卷草纹；纹饰造型优美，镜盒为盛放铜镜之用，在器物上标明用途的作品较为少见。

磁州窑是宋辽北方最大的民窑体系，也是著名的民间瓷窑，有“南有景德，北有彭城”之说。磁州窑窑场分布于河北、河南和山西三省的广大区域，其中以河北磁县观台镇为中心，磁县宋代叫磁州，故名。白釉黑彩是宋代磁州窑的主要装饰方法。

一寸缂丝一寸金

缂（kè）丝
《月季鹌鹑（ān chún）图》
南宋

缂丝《月季鹌鹑图》为南宋丝织艺术品，采用中国传统的缂丝工艺，完美地体现了南宋院体画的风格，是缂丝发展兴盛时的一件艺术精品。整幅图构图工整，精美细腻，画面的背景是一处玲珑有致的湖石，翠竹摇曳，在盛开的月季花丛下有三只鹌鹑，一只口衔蚱蜢，另两只顾盼欲争食状。左下角有“陈居中”三字，下有印一“居中”。整幅图形神兼备、运丝流畅、配色柔和。

缂丝最初叫织成，后来因其表面花纹和地纹的连接处有明显像刀刻一般的断痕，自宋代起又叫刻丝、尅丝、克丝。它是一种以蚕丝为经线，各色熟丝为纬线，用结织技术织作的一种高级显花织物。古人形容缂丝“承空观之如雕镂之像”，缂丝成品的花纹，正反两面如一，清雅古典，富有立体感，其艺术和欣赏价值完全可以和名家书画媲美。

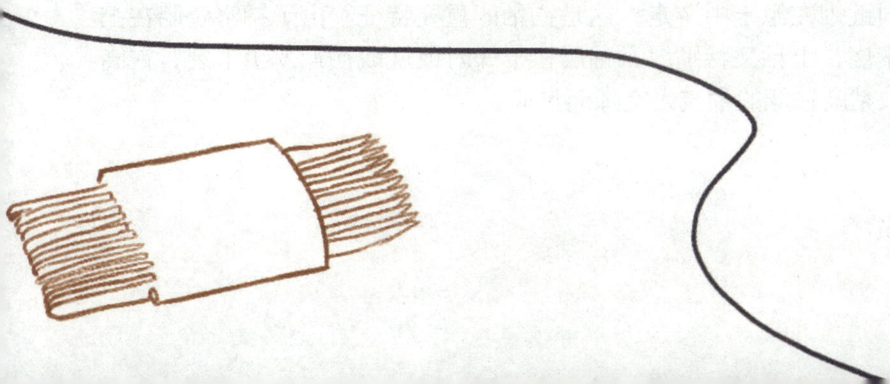

蚯蚓走泥无双对

钧窑窑变釉乳钉鼓式洗

宋代

钧窑窑变釉乳钉鼓式洗为直口，口内平，外壁有两道弦纹，弦纹之间与足部有等距离排列的乳钉两周；如鼓形，兽面三足。其胎体厚重，呈深灰色，洗外釉层肥厚，洗内釉层稍薄为天蓝色，有橘皮纹及“蚯蚓走泥纹”，洗底釉呈芝麻酱色。整件器物看上去既古朴端庄，又莹润秀丽，是北宋钧窑烧制的宫廷陈设观赏的一件艺术珍品。洗是中国古代的文房用品，专门用来洗毛笔。

钧窑是中国宋代五大名窑之一，位于河南省禹县神垕镇。钧窑以釉色艳丽多变而著称：在釉料中加一点铜，素胎上施厚釉，再入窑高温烧制，“窑变”魔幻般色彩，因此，窑变是钧窑最有名的特征之一，釉色自然天成，人为无法设定，有“钧瓷无对，窑变无双”的美誉。

蚯蚓走泥纹，即在釉中呈现一条条逶迤延伸、长短不一、自上而下的釉痕，如同蚯蚓在泥土中游走，这是钧釉的重要特征。由于钧窑瓷胎在上釉前先经素烧，上釉又特别厚，釉层在干燥时或烧成初期发生干裂，在高温阶段又被黏度较低的釉流入空隙而形成。

冠盖散落烟雾尽

玉发冠

宋代

江苏吴县毕沅（yuán）墓出土

玉发冠为青玉雕琢，冠呈花朵状，整料掏空，外雕双层绽开花瓣，边沿翻卷，顶镂雕出两片合瓣，使玉冠如同一朵盛开的花朵，花瓣舒展，生机勃勃。冠下端两侧对钻有圆形小孔，插入一支碧玉簪，作云头如意状。这件玉发冠出土于清代毕沅墓，他是清代著名学者，也是收藏大家，这件玉发冠是他重要的收藏品之一。

古代，男子和女子一样，都留长发。童年时，将男子头发扎两个小鬏在头顶两边，称“总角”，或将两个小鬏分别垂于耳后，称“垂髫”。少年时，将长发束起披于脑后，称“束发”。《礼记·曲礼》载：“男子二十，冠而字。”即二十岁时，须行“加冠礼”：戴帽，循礼称冠，将长发绾卷，并启用正式名字，表示已经成年，可以婚嫁，从此作为一个成年人，参加各项活动。也就是说，“加冠礼”即古代男子的“成年礼”。

宋代，士大夫有用玉冠束发的习俗。玉冠是较为流行的小冠类型，因其高、宽都比其他冠形略低略小，故又被称为“小冠”或“矮冠”，南宋陆游有诗：“室无长物唯空榻，头不加巾但小冠。”

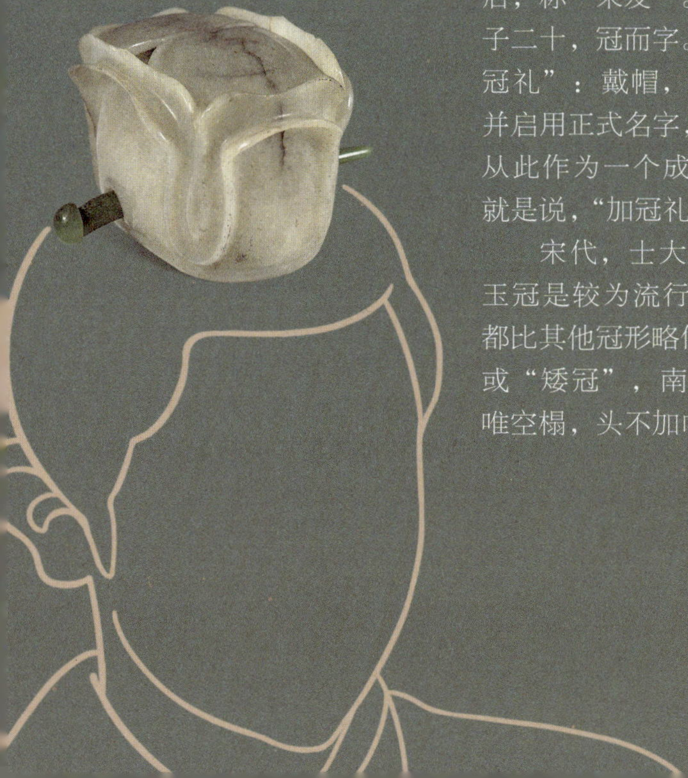

灿灿金华耀翠屏

缠枝莲花纹金盘

元代
江苏吴县吕师孟墓出土
推荐星级：★★★★☆

缠枝莲花纹金盘采用锤鍱、模压和錾刻相结合的工艺制作而成，造型新奇，富有韵律美。器形作四出菱花式，由四个如意头纹样，上下叠加组合而成，还采用了米字格的构图方法，即每个如意头均布置在长方形的对角线上，作中心点对称。盘心也锤鍱出四个浮雕式的小如意头，与内外、大小如意相互呼应，别具匠心。

金盘上的其他花纹是用錾刻法制作的，这种錾花工艺早在春秋晚期就出现，它是一种微雕工艺，刻纹细如发丝，微细的线条是由錾刻的小点构成的。整个金盘通体装饰，俗称“满地装”。金盘外底素面无花纹，未经抛光，边缘凿刻“闻宣造”三字款识，笔体遒劲清秀。此金盘是一件制作精致、装饰华丽、象征吉祥的艺术陈设品，它将形式与内容巧妙地结合在一起，形成中华民族特有的装饰风格，充分显示出中国古代金器工艺的高超水平。

佳人披霞满池娇

“满池娇”金霞帔（pèi）坠

元代

江苏吴县吕师孟墓出土

推荐星级：★★★★☆

“满池娇”金霞帔坠呈鸡心形，镂空錾刻花纹图案，腹部微鼓。“满池娇”是一种宫廷图案的名称，描绘的是池塘中的花、鸟景色。帔坠上部刻“和合八吉”图：一个盖盒相同的圆盒，置放在彩帛八吉纹。中部是鸳鸯嬉戏图：在一株连理枝的掩映下，一对鸳鸯伸颈昂首，嬉戏在莲塘之中。下部是莲叶图：一柄硕大的莲叶翻卷舒展，似随风摇曳在荷塘之中。“和合”纹图案，是从古代“和合二仙”的传说演变来的，和合二仙一人执荷花，一人捧盒，以“荷”同“和”，“盒”同“合”的谐音寓意，祝福夫妻和谐好合。这是迄今看到的有相对年代可考的最早的“和合”纹图案。

万贯家财系腰间

缠枝花果金腰带饰

元代
江苏吴县吕师孟墓出土

缠枝花果金腰带饰由九件组成，一件长方形缠枝花果纹饰件，三边平直，一边微弧，呈圭形，实为一根束带上的獭尾，亦称为铊尾；七件方形缠枝花果纹饰件，形制相同，规格相同，重量亦相近，实为方形胯；一件葵瓣形缠枝花果纹饰件，一边有直径约一厘米的圆孔，是与草鞋或束带相连接的圆孔。九件饰件以锤鍱、錾刻等技法制成，立体高浮雕缠枝花果纹，四周饰有边框，花纹造型奇特，纹饰精美，线条流畅，圆转柔美，图案变化有致，层次分明。

腰带饰为古代官服腰带上的装饰，连缀于革带的外侧。据学者研究认为，这条金腰带饰上的纹饰为宋代金束带上的“荔支”或“御仙花”纹饰，按《宋史·舆服志》载，官至侍郎的官员才可以用“御仙花”纹饰。

明清辉煌（1368—1911）

盛世江南

明清时期，江苏社会经济空前发展，市镇兴起，人口众多，交通便利，商贸繁荣，农业、水利、丝棉纺织业和制盐业等均处于全国的领先地位。货币雇佣关系大量出现，资本主义生产关系初见端倪。苏州、南京、扬州成为全国最繁兴、最富有的城市。

经济的发展带来了科技、学术、文学、艺术的繁荣。明清时期，南京的城墙、宫殿、寺庙和江南园林等建筑技术及造船业居于全国前列。江苏成为全国的书画中心，名家辈出，精品纷呈，领袖画坛。文学创作鼎盛，涌现出施耐庵、吴承恩、曹雪芹等一代大师。江苏还是全国工艺中心之一，南京云锦、宜兴紫砂、扬州漆器、苏州玉器、刺绣等领全国之风骚。江苏还涌现出杰出的航海家、科学家和大学者，他们灿若星辰，辉耀于中国古代文明史的星空。

明清时期是中国封建社会发展的最后阶段和高峰，而江苏则是这个高峰的代表。其时，江苏经济繁盛，文化鼎兴，有“盛世江南”之美誉。

晨钟暮鼓灯长明

大报恩寺琉璃塔拱门构件

明代

推荐星级：★★★★★

大报恩寺琉璃塔拱门构件由25件五彩琉璃件砌成，顶部正中为人身鸟嘴、鸟脚、鸟翼的迦楼罗像，两旁为人身蛇尾的龙女，以下分别为腾龙、飞羊、狮子和象，最下层由须弥座承托。整座拱门体形瑰玮，雕塑生动，色彩斑斓，它们多次被送至海外展览，向世界人民展示了明代早期中国人民特有的琉璃烧制技巧和艺术匠心。

琉璃是指以铅硝为助熔剂烧成的低温彩釉陶器，属陶瓷烧造业中的一个特殊品种，它以陶为胎，施以琉璃釉，再入窑烧制而成。尽管早在5世纪北魏时期已有建筑琉璃的出现，但较广泛的使用还是在元代，尤其到了明早期，朱元璋择金陵为都以后，在营造宫殿、坛庙、园林、王府、陵寝、寺庙等官式建筑时，都大量采用琉璃建筑构件，其数量之大、色彩之广、式样之众、制作之精均大大超过前代。

1958年，南京市文管会和南京博物院在雨花台西能仁里、眼香庙、芙蓉山一带发现了60多处明代琉璃窑址，这不仅印证了文献记载，并从中究明了琉璃烧制技术，而且采集到琉璃烧制的正吻、套兽、勾头、滴水、五彩砖等大量瓦件，其中又以被认为是闻名世界的明大报恩寺琉璃塔五彩琉璃构件最为珍贵。

此塔以五彩琉璃为装饰，金碧辉煌，是中国历史上规模最大、规格最高的寺院，位列中世纪世界七大奇迹之一，被当时西方人视为代表中国的标志性建筑，有“中国之大古董，永乐之大窑器”之誉，被称为“天下第一塔”。

1839年，安徒生就在《天国花园》中提道：“我刚从中国来，我在瓷塔周围跳了一阵舞，把所有的钟都弄得叮当叮当地响起来！”这里的瓷塔，就是大报恩寺琉璃塔。

每当暮色降临，琉璃塔上的144盏油灯就会燃起，人们在远处看见这座高塔上永不熄灭的灯火，就如提醒人们永远不要忘记父母之恩。清朝咸丰四年（1854），大报恩寺塔被毁，世人再也见不到琉璃塔上的灯火长明了。

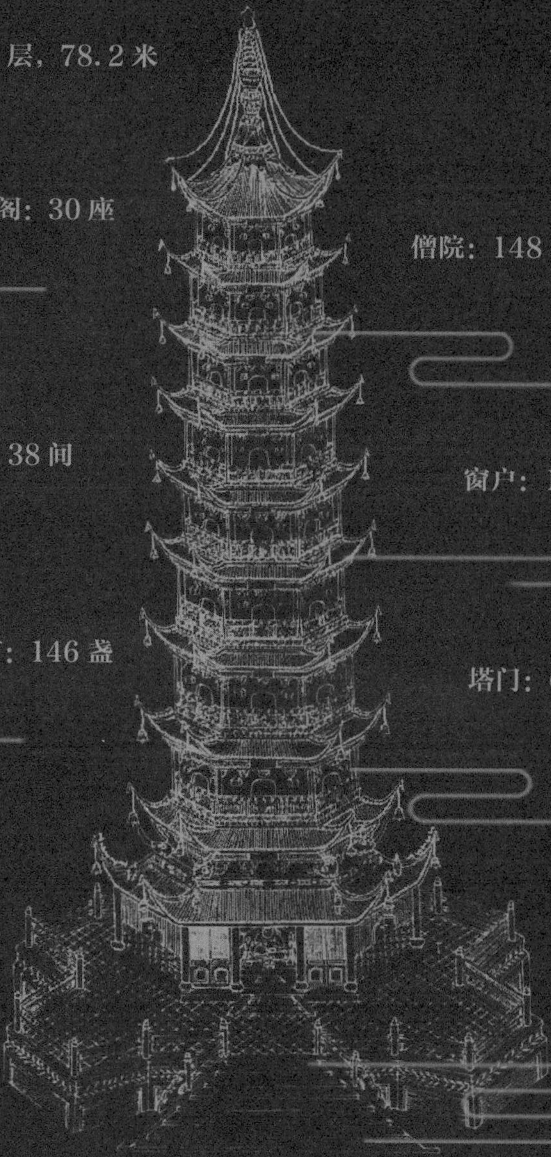

耗时19年
耗费人力10万军役和民夫
耗费白银248.5万两

万国天地尽包罗

坤舆（yú）万国全图

明代

推荐星级：★★★★★

《坤舆万国全图》又名《万国全舆图》，是南京博物院的镇馆之宝。它是明万历年间，意大利传教士利玛窦献给皇帝的礼物之一。图首右上角题“坤舆万国全图”6个大字，主图为椭圆形的世界地图，四周圆弧边旁各附有圆形小图；右上为九重天图，右下为天地仪图；左上有赤道北地半球之图及日食图、月食图，左下是赤道南地半球之图及中气图。该图上文字极多，有利玛窦、李之藻等为之题写的序、跋、题记等，也有利玛窦编译的天文、地学知识，包括总论横度里分、看北极法等，更包罗有天下奇风异俗。

“坤舆”二字出自《周易》，《说文解字》上说“坤，地也”，“舆”是“车舆也”，也就是车的底座，用于承载重物。“坤为大舆”，地图上

载有山川万物，因此，古人把地图称之为“舆图”，如《广舆图》《康熙台湾舆图》《皇舆全览图》等。

《坤舆万国全图》以当时的西方世界地图为蓝本，改变了当时通行的将欧洲居于地图中央的格局，而是将亚洲东部居于世界地图的中央，这样，中国就自然而然位于该图的中心。此举不仅开创了中国绘制世界地图的模式，而且第一次给中国带来了“地球”的概念，开中国“新地球观”之先河，并将当时的西方天文学知识和地理学知识介绍给中国人，在地图上使用了赤道、回归线、极圈、南北极等名词，让世人了解了五大洲的东西南北起点，让当时的中国人第一次认识了世界，强烈冲击了中国人固守千年的天下观。

金枝玉叶飞走了

金蝉玉叶

明代

江苏苏州五峰山博士坞张安晚家族墓出土

推荐星级：★★★★★

金蝉玉叶于 1954 年出土于苏州五峰山博士坞的明弘治年间进士张安晚家族墓，发现于墓主头部，应为贵族女子发饰。一只形神毕肖、金光闪耀的金蝉立于玉叶之上，它侧身翘足，双翼略张，嘴巴微开，似在奏鸣，蝉翼轻而薄，厚度仅有 0.2 厘米。玉叶用新疆和田羊脂白玉精工雕琢而成，有主脉一根，两边各有支脉四根。玉片打磨细薄，正面的叶脉琢成弧曲的凹槽，背面的叶脉相应搓成凸棱，使叶片极具真实感。蝉又称“知了”，“知”谐音“枝”，中国古代对女子的最高赞美莫过于“金枝玉叶”。

金蝉采用薄叶延展、錾刻、焊接等工艺制成，含金量为 95%。玉叶汲取传统的阳线、阴线、平凸等多种琢玉工艺，抛光细腻，琢工精致，整个设计构思奇巧、动静结合、妙趣横生，具有极高的鉴赏价值，为明代中期金玉器的杰作，同时也是迄今国内出土的唯一的一件。

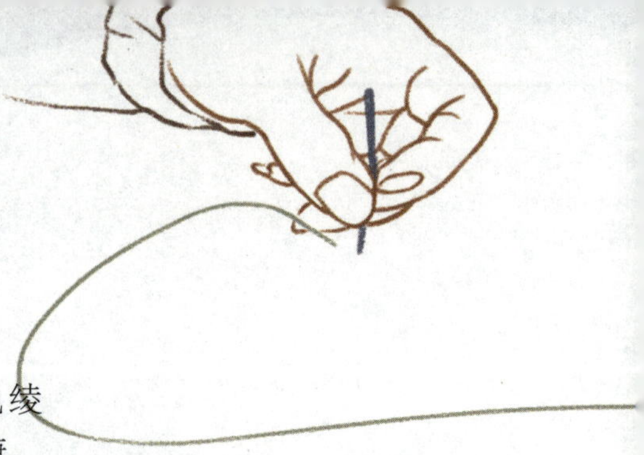

一针一线绣荣光

刺绣《竹林七贤图》

明代

竹林七贤图轴为绣、画结合，米色绫地上施五彩绣，绘绣了魏晋间阮籍、嵇康、山涛、王戎、向秀、刘伶、阮咸七人，世谓“竹林七贤”。这七人或草地操琴，或对石煮茗，或扶竹观画，一派超脱世俗、隐逸闲适的意境，画面清新淡雅。其中人物、树木、竹子、水、字等皆为绣成，而山石是画的，只绣其轮廓，这种绣画搭配是顾绣惯用的手法。

顾绣，以明嘉靖年间顾名世筑“露香园”起始著称。顾名世，字应夫，号龙泉，是明嘉靖三十八年（1559）进士，官至尚宝司丞。据明人朱察卿《露香园记》和叶梦珠《阅世编》等文献记载，“露香园”是顾名世在明代嘉靖年间修建，在建园挖池时，曾挖到一块有元代书画大家赵孟頫所题篆书“露香池”三字的碑石，遂将新建花园题为“露香园”。顾名世举家居露香园历经数代，其后辈女眷多善刺绣，故世称其家刺绣为露香园顾绣，或顾氏露香园绣，或简称为顾绣。顾绣先后涌现了缪氏、韩希孟、顾兰玉等名家，成为中国刺绣史上自宋代以后又一座高峰，代表了闺阁绣的最高水平。

2006 年，顾绣被列入第一批国家级非物质文化遗产名录。

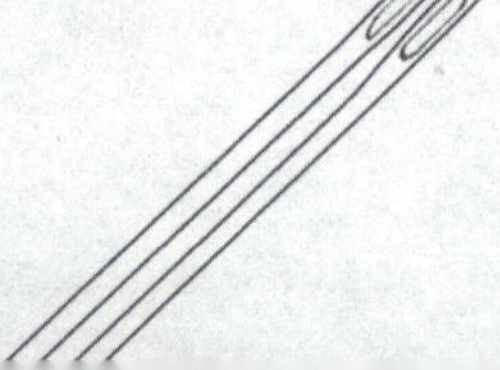

如脂如玉中国白

白釉瓷观音坐像

明代

推荐星级：★★★★☆

白釉瓷观音坐像通体施白釉，造型精美，比例匀称。观音舒坐，发髻高耸，头戴风帽，身披长巾，低首垂目，面形长圆，饱满丰润，神情慈祥。观音右腿竖曲，赤裸的右足由衣裙下半露出来，右手随意地放在竖起的右腿膝上，左手藏于衣裙，素洁的长衣广袖垂拂于盘曲的左腿之上。整尊观音像形态生动细腻，形神兼备，其内在的气质、外在的秀美、精湛的工艺有机融合，体现了明德化窑白釉造像的精湛技艺。

德化窑始于宋代，是我国古代南方著名瓷窑，因窑址位于福建省德化县而得名，明代，德化窑以白釉品种闻名，它不仅与唐、宋时代其他地区的白瓷不同，而且与景德镇同时期的白瓷也异样。其胎土纯净细腻，胎料和釉料中含铁量极低，而含钾量较高，故所产瓷器釉色光润明亮、白如凝脂，其白色中泛着牙黄色，如脂如玉，非常滋润，这就是著名的“象牙白”。欧洲人冠之以“中国白”“象牙白”“猪油白”“鹅绒白”的美称。直到现在，法国人还以“中国白”直呼德化窑白瓷。

穿珠巷里巧匠忙

苏州工玉器

明代至清代

苏州工玉器由选材优良、造型精致、纹饰多变、风格迥异的七件玉器构成，是明代至清代遗存的苏州工文物，代表了当时南方玉器的风格，体现了“苏作”精细雅洁的风格特征：精在用料，细在做工，雅在文化，洁在设计。

玉器在中国有7000多年历史，玉雕作品在世界上享有很高的声誉，苏州是中国玉雕发源地之一。据宋代范成大所修《吴郡志》载：早在唐、五代时期，苏州就有琢玉的工场和名艺人了。到了明清，苏州成了中国玉器的制造中心，朝廷在苏州设立了玉器造办处，督办玉作。明末宋应星所著《天工开物》记载：有良玉虽集京城，工巧则推苏州。

苏州琢玉行业在清乾嘉时期得到了空前发展，乾隆皇帝曾把画好样的玉料嘱托苏州织造官，令其在“专诸巷”精心雕琢。那时苏州琢玉作坊已达800多户，走在街巷里，到处可闻一片“沙沙”的琢玉声。

江千里制嵌螺钿《西厢记》漆盘口外撇，口沿有脱落现象，有三层边饰，曲直结合使用。盘髹黑漆上嵌薄螺钿，盘面运用写实风格，生动描写出《西厢记》“琴心”一折故事。盘上图案为一书生在室内操琴，屋外一主一婢在倾听，周围有假山石、芭蕉、银杏围绕，上空有几星星及皓月。作者在螺钿上又加刻细细的纹线，线条柔软宛转，衣褶、毛发纤毫毕现。

江千里，浙江嘉兴人，一说扬州人。字秋水，生卒年不详，是明末清初镶嵌漆器工艺家。江千里长期在扬州生活和艺术创作，善制嵌螺钿漆器，作品主要有酒器、盒、盘、笔筒等。技艺精湛，所嵌螺钿精工细雕，浑朴华丽。他开创了明代镶嵌螺钿细工的先河，名声广播海内外。时人将其作品与张鸣岐铜炉、濮仲谦刻竹、时大彬砂壶共称四绝品。嘉庆时重修的《扬州府志》记录了当时流行的一副对联：“杯盘处处江秋水，卷轴家家查二瞻。”查二瞻就是查士标，康熙初年画山水的名家。这副对联形象地描绘了当时风行的雅致生活，也从侧面说明了江千里的艺术地位。

螺，指的是嵌物的质地，钿是装饰的意思。螺钿漆器是用螺蚌壳片镶嵌于漆胎，再刻纹、填漆，然后将螺钿花纹磨显而出，使文质齐平的漆器。在古代，人们把螺钿叫作钿嵌、陷蚌、坎螺或螺填。宋人方勺在《泊宅篇》中称之为螺填，元末陶宗仪《辍耕录》中有螺钿之名，明代著名漆工黄成在《髹饰录》中称它为陷蚌、坎螺等。

杯盘处处江秋水

江千里制嵌螺钿
《西厢记》漆盘

明末清初

宫中艳说大彬壶

时大彬款提梁紫砂壶

清代

时大彬款提梁紫砂壶由提梁、壶嘴和壶身组成。紫泥调砂。壶胎外层有黄色细砂粒，俗称“梨皮”，器身呈现金星点，如撒金般熠熠生辉。壶身用打筒法成型，提梁和壶嘴经竹刀切削，均为多角形。壶盖口外刻楷体“大彬”二字，侧钤阳文篆体“天香阁”方印。“圆”是这件提梁紫砂壶造型的基本构思：侧视，圆的壶身和圆的提梁，相互重叠，使壶有强烈的主体感；正视，圆形的壶身和提梁，在视觉上既相互交叉，又相互阻断，从而使壶形富有强烈的立体感；俯视，圆形的大平底与平整的小圆盖相互重叠构成了两个同心圆，而六棱形的盖钮正处于两个同心圆的圆心位置上。因此，这件提梁紫砂壶，无论是原料选炼，还是工艺处理，甚至造型艺术，都经过了精心设计，极为不易，是时大彬传世壶中完美的一件作品。

时大彬（1573—1648），号少山，明万历至清顺治年间江苏宜兴人，是著名的明代紫砂“四大家”之一时鹏之子。他精选紫砂泥调配成各种泥色制壶，一脱尘俗，不务妍媚，朴雅坚致，流畅灵活。时大彬最大的贡献之一就是器型上“改大为小”“改俗为雅”，奠定了紫砂壶基本的审美倾向，使紫砂壶能进入文人生活，成为文房清玩，提升了紫砂壶的文化内涵。

紫砂陶艺起源于宋代，北宋诗人梅尧臣有“小石冷泉留早味，紫泥新品泛春华”的名句。在明代，紫砂茗壶已经有“世间茶具称为首”的美誉，徐渭则有“虎丘春茗妙供燕，七碗何愁不上升。青箬旧封题谷雨，紫砂新旅买宜兴”的诗句。可见，在明代中晚期，已经盛行文士品茶的风俗了，且以宜兴所出紫砂壶为首选。

金凤冠为李卫墓出土，凤冠集锤鍱、炸珠、镂刻、焊接、镶嵌、累丝等工艺于一体，冠上装饰有二龙戏珠、凤纹、海涛纹等纹饰和“奉天诰命”四字金牌，其间点缀珍珠、碧玺等宝石，制作工艺繁复精湛，玲珑剔透、精美绝伦，是清代金银器的佳作之一。

凤冠又名“凤子冠”，妇女礼冠，是女冠中最为贵重者。因冠上缀有凤凰，故名。以凤凰饰首的风气，早在汉代已经形成，汉制太皇太后、皇太后、皇后入庙行礼，头上首饰即有凤凰。其制历代多有变革。至宋代被正式定为礼服，并列入“冠服制度”。据《宋史·舆服志三》记载，北宋后妃在受册、朝谒景灵宫的隆重场合，俱戴凤冠。南宋，凤冠形制有所变易，除原有凤形，又增添龙的形象，名“龙凤花钗冠”。明代后妃在接受册封，参加祭祀或重大朝会时，亦戴凤冠，凤冠形制较宋考究。根据明代制度规定，除皇后、妃嫔，其余人未经允许，概不得私藏凤冠。但习惯上常将命妇所戴的礼冠称为“凤冠”。清代后妃所戴礼冠，虽亦饰有凤凰，但已不称凤冠，而名朝冠。

龙枝凤冠耀九天

金凤冠

清代

江苏丰县大沙河镇李卫墓出土

推荐星级：★★★★☆

独有岁寒三清友

釉里红岁寒三友纹梅瓶

明洪武
江苏江宁东善桥响龙山出土

釉里红岁寒三友纹梅瓶是 1957 年出土于南京东善桥响龙山附近的明代墓葬。梅瓶为小口，细颈，广肩，至下腹逐渐内收，腹颈略微外撇，并有明显的三条接胎痕迹，平底。器身带盖，器盖表面以釉里红地白花技法为主，纹饰有火焰纹、花瓣纹、菱形纹、缠枝牡丹纹。胎质洁白细腻，釉里红纹饰发色灰暗，器身以白地釉里红纹饰为主，纹饰有蕉叶纹、如意纹、卷草纹、海水江芽、松竹梅、变体莲瓣。主题图案为“松竹梅岁寒三友”。从造型和图案看，应为明代洪武年间江西景德镇产品。此瓶是目前所见存世的唯一一件完整带盖的洪武釉里红梅瓶，所以 1995 年被国家文物鉴定委员会定为国宝级。

釉里红创烧于元代景德镇窑，属釉下彩绘瓷器，以氧化铜为主要着色剂，在瓷胎上进行装饰形成相应纹饰后，再施透明釉，经1270℃左右的还原气氛下一次烧成，烧成后的瓷器上釉下可呈现出红色纹样。其制作工序与青花瓷完全一样。所不同的是青花采用的着色剂为矿物钴料，而釉里红所采用的着色剂为铜料，即氧化铜，俗称“铜花”。釉里红是明代洪武朝瓷器的代表品种，被用作皇家御用瓷，只有王公贵族才能拥有。

定鼎天下统江山

青花寿山福海纹香炉

明永乐

推荐星级：★★★★★

青花寿山福海纹香炉为南京博物院镇馆之宝，仿青铜鼎式样，体形硕大饱满，内白釉，外壁为白地青花釉，周身满绘汹涌波涛和叠嶂山峦，礁石耸立在炉体中央，满炉的波涛气势磅礴，似乎将要涌出，其独特的构图既夸张又写实，极具撼人心魄的艺术魅力。

青花瓷是中国瓷器历史上烧造时间最长、最具鲜明时代风格的瓷器品种。它是以氧化钴为彩绘颜料，在洁白的瓷胎上绘画，外施透明釉，经1300℃以上的高温一次烧成的釉下彩瓷器。由于氧化钴在高温还原气氛下能呈现出美丽的深蓝色，下衬洁白的瓷胎，上罩莹润的透明釉，深蓝色的花纹与洁白的瓷胎形成鲜明的对比，再加上精良的画工，使青花瓷器显得格外的幽亮雅洁，令人赏心悦目。

青花拙斑竟成趣

青花云龙纹扁壶

明永乐

青花云龙纹扁壶为扁身，侈口，筒颈，腰稍敛，似羌鼓，壶底扁平浅足。通体白地青花釉，釉质纯净细腻，青色明晰。壶口及颈部绘卷草纹和缠枝莲纹各一周。腹部为青花云龙纹，三爪行龙，矫健，回首曲体，须发飘扬，四肢伸张，腾空在流云纹之中。此壶造型、釉质、绘画风格均充分体现了永乐时期瓷器的特征。

青花瓷器出现于唐代，成熟于元代后期，此后到清代乾隆朝为止400余年间，一直是瓷都景德镇的主流产品。明永乐、宣德时期的青花瓷器，以其胎、釉精细、青花色泽浓艳、造型多样和纹饰优美而负盛名，被称为我国青花瓷器的黄金时代。历来传说，这时期所用的青料，是郑和出航西洋从伊斯兰地区带回来的所谓“苏麻离青”。这种青料含锰量较低，含铁量较高。由于含锰量低，就可减少青色中的紫、红色调，在适当的火候下，能烧成像宝石蓝一样的鲜艳色泽。但由于含铁量高，往往会在青花部分出现黑疵斑点。这种自然形成的黑斑，和浓艳的青蓝色又相映成趣，被视为无法模仿的永、宣青花瓷器的“成功之作”。

特展馆

南京博物院藏有20多万件明清宫廷文物，包括瓷器、玉器、漆器、佛像、金银器、铜器、钟表、织绣等精品。这些精品经过反复遴选，集中在特展馆中，成为展示宫廷文化和古代精美工艺的专题展览。同时，特展馆还专设多年独立展厅，以举办大型主题性展览、原创性展览和引进的文化交流展等。

特展馆平面示意图

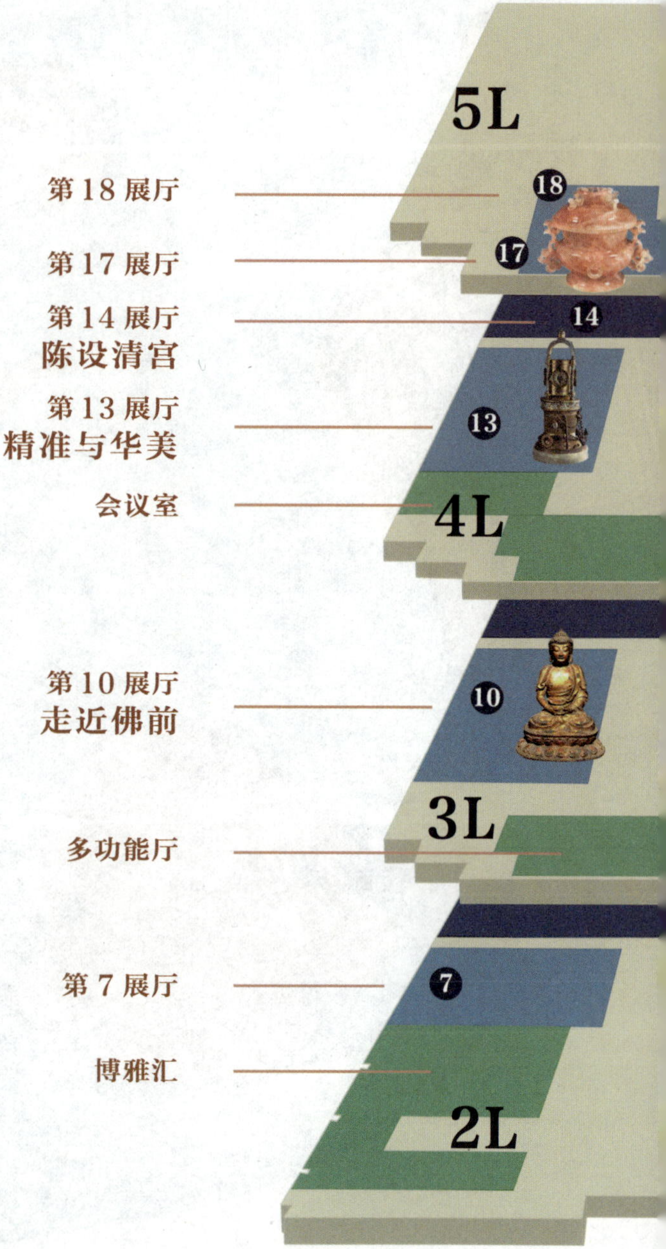

5L
第 18 展厅
18
第 17 展厅
17
第 14 展厅
陈设清宫
14
第 13 展厅
精准与华美
13
会议室
4L
第 10 展厅
走近佛前
10
3L
多功能厅
第 7 展厅
7
博雅汇
2L

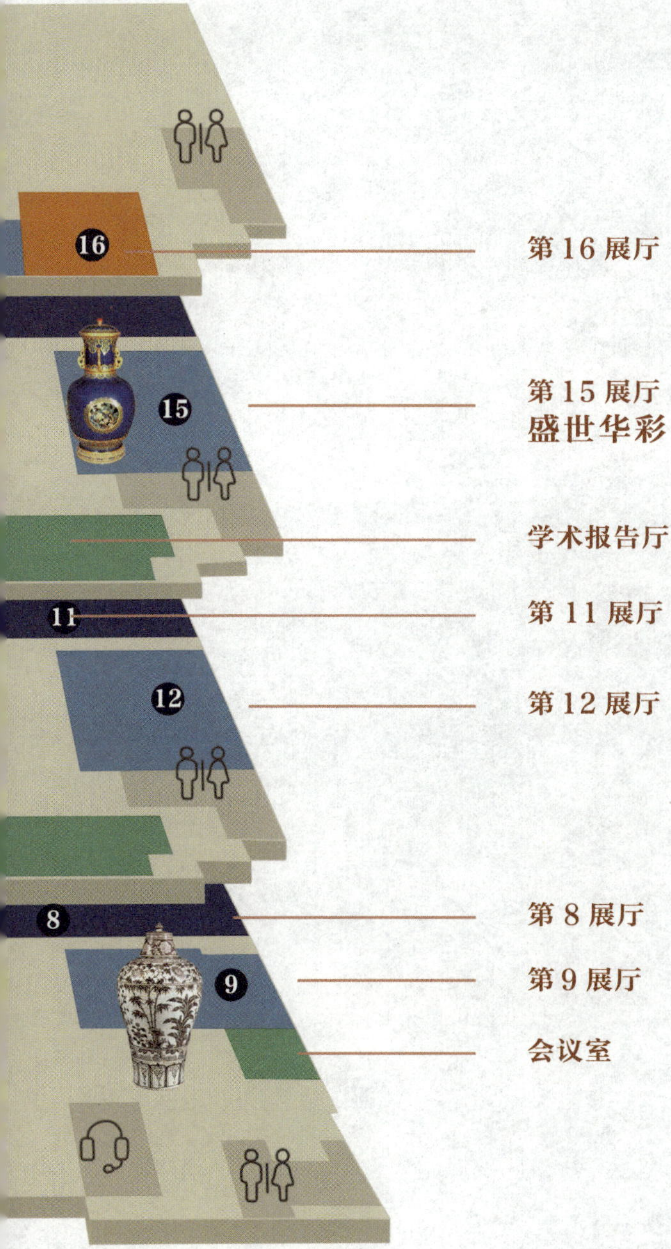
16
第16展厅
15
第15展厅
盛世华彩
学术报告厅
11
第11展厅
12
第12展厅
8
第8展厅
9
第9展厅
会议室

这盏错银铜牛灯由灯座、灯盏、烟管三部分组装而成，三部分均可拆卸，使用和擦洗很方便。灯座是一头四肢粗矮敦实、身材雄浑壮硕的黄牛，它俯首站立、双角耸立、双眼圆睁，含着下颌，张开着嘴巴似发出一声吼叫；它的头部中间顶着一根弯弯长长的烟道与灯罩相连。牛的腹内中空，背负圆形灯盘，灯盘一侧设置扁平把手，便于转动灯盘，盘上饰两片可以灵活转动打开的灯罩，其中一片刻镂空菱形斜方格形纹，起到散热、挡风和调光的作用。灯罩上紧扣穹顶形罩盖，盖顶之上均匀弯曲的烟管与牛头顶上方凸出的短管紧密套接。

这盏铜牛灯的身上纹饰华美，以流云纹、三角纹、螺旋纹为地，刻画了龙、凤、虎、鹿等汉代喜用的神禽异兽等吉祥图案热闹地聚在一起，用错银工艺嵌入青铜材质内，即工匠将银片敲打进器物表面的花纹图案中，再用错石错平磨光。

如果不看这件文物的名称，第一次见到它的人很难想象这是一盏灯。因为，从古至今，灯经过几千年的发展，无论是灯的燃料，还是材质或造型，早已脱胎换骨，与我们今天使用的电灯有了十万八千里之差。当这盏铜灯点燃时，通过导烟管与注水的腹腔有机结合，使烟尘在清水中被溶解，将灯火点燃的烟尘污染降到最低，体现了极为超前的环保设计理念。无论室内点燃多长时间的灯火，也不会出现满屋烟雾缭绕的场面。

该铜灯看上去是静止的，但人们分明看到了它雄浑有力、引而不发的动感，仿佛将 2000 年前正在工作着的一头牛永远被定格在一瞬间。它无疑是汉代众多青铜灯具中的上乘之作、一件巧夺天工的艺术品，集实用性与艺术性的完美结合，显示了汉代实用与装饰合一的审美理念。

烟火无息空气清

错银铜牛灯

西汉

江苏邗江甘泉2号墓出土

推荐星级：★★★★★

走近佛前

佛祖释迦牟尼圆寂后，佛教分裂为小乘佛教（即南传佛教）和大乘佛教（即北传佛教）。小乘佛教强调自我修炼，大乘佛教追求普度众生。大乘佛教主要指中国佛教中的汉、藏两大系统，其中藏传佛教以密宗传承为主。有清一代，皇室主要信仰藏传佛教。由于崇重藏传佛教，皇室对藏传佛教造像的设计和制作也非常重视，据记载，康熙、乾隆二帝十分重视藏传佛教及佛造像，还亲自参与佛像图样设计、制作过程的监督，从而确保了造像的质量与水准。这些佛像，又以金铜佛像最为精美，这些金铜佛像不仅形制规整、比例精确、制作精工，而且凝聚了佛教高深的哲学、美学思想在其中，因此，每一件金铜佛像都包含了古人的智慧和艺术精神，具有独特的艺术魅力。

色即空来空即色

鎏金释迦牟尼铜像

明代

推荐星级：★★★☆☆

佛教的创始人，原名乔达摩·悉达多，古印度迦毗罗卫国释迦族人，故又称他为释迦牟尼，意思是释迦族的圣人。成道后称为佛陀，简称佛。他于 35 岁时在菩提树下悟道成佛，在鹿野苑第一次对五比丘宣讲佛法，创立佛教。随后他踏遍恒河两岸，度化无数信众，直到 81 岁那年涅槃于拘尸那罗城。释迦牟尼佛像通常有坐、立、卧三种姿势，其中坐姿又可分为成道相和说法相两种。在造型上，释迦牟尼佛具备“三十二相”和“八十种好”，面相慈祥、端庄，顶有肉髻、波状纹髻或螺髻，眉间有白毫相、双肩宽厚等。常见的手印有施无畏印、施愿印、说法印、触地印、禅地印五种。服饰的样式有袒右肩式袈裟、犍陀罗式通肩大衣、汉化的“褒衣博带”式大衣。

菩萨

清乾隆

菩萨为菩提萨埵的简称，意译为道众生、觉有情。在佛教中地位仅次于佛，是协助佛祖传播佛法、救助众生的修行者。在佛教众菩萨中，以观音、文殊、普贤、地藏四大菩萨最为著名，他们也是佛教雕塑中较常见的形象。菩萨常胁侍佛陀的左右，大多呈端正站立像，也有坐像或乘座像。菩萨的手势优雅，常持莲花、杨枝、宝剑、宝珠、净瓶等法器。早期的菩萨像戴宝冠，呈现印度贵族的年轻太子形象。佛教传入中国后，菩萨像兼具了女相男身的优雅气质，面容慈祥温静，姿仪端庄高雅，呈现雍容华贵、亲切温馨的法相之美。

观世音菩萨铜像

鎏金文殊菩萨铜像

地藏菩萨铜像

普贤菩萨铜像

护法神

明代

护法神即护持佛法之神，它是佛国的警卫系统。藏传佛教中护法神系统庞大，种类繁多。按传统的分类法可以分为两类：第一类是具有超大神力的高级神灵，称为“出世间护法神”或“出离六道轮回的护法神”，如大黑天神、多闻天神等；第二类是仍与众生有情居住在今世间的神灵，称为“世间护法神”，这些神灵多呈愤怒身相，因而又称厉神，如金刚具力神、大梵天神等。这两类护法神多被藏传佛教的所有教派承认和供奉，只有个别神灵是某个教派的特定护法神。护法神的形貌、衣饰、使用的兵器和坐骑、担任的职责、祈祷降神的方式都有相应的仪轨经文。

呼克达卡天铜像

达努天铜像

火天铜像

精准与华美

中国计时器的使用有着悠久的历史。早在2000多年以前，我们的祖先就已经开始使用圭表、日晷和漏壶等计时器。明末清初，随着欧洲传教士的到来，由欧洲人发明的现代机械钟表被带到了中国。1601年，意大利传教士利玛窦向明神宗万历皇帝进献了两座自鸣钟，在当时的宫廷内引起了轰动。

清代，康熙帝倾慕欧洲的科学技术，收集了许多西洋的科学仪器和各类时钟。当时，来华的欧洲传教士都把西洋钟表当作礼物献给中国皇帝或王公大臣以求得支持，西洋钟表在当时已经成为中国人认识西方文化的一个重要媒介。受此影响，清政府设置了做钟处，广州、苏州等地亦纷纷模仿西洋钟或创新制造机械钟表。

钟表是南京博物院丰富藏品中特殊与珍贵的种类，制作年代从18世纪至20世纪初，其中既有英国、法国、德国、瑞士等名家之作，也有清宫做钟处和广州的精品，还有一些中西合璧的产物。尽管各自的文化背景决定了它们以不同的造型出现，但装饰华贵、制作精美、功能复杂是其共性，代表了当时钟表制造的最高水准。

时辰冷暖都知道

铜镀金灯塔式风雨表

清代

这件法国制造的铜镀金风雨表为灯塔式造型，上部立有四根可以旋转的珐琅柱，顶部镶嵌指南针，塔身四面分别是时钟、寒暑表、气压表、温湿度表，真是身体虽小五脏俱全。塔的下半部分是船锚、锚链和救生圈等装饰物，同时体现了法国钟表的科普性特色。

茉莉乐扬荷花开

嵌珐琅转鸟开花荷花缸

清乾隆

推荐星级：★★★☆☆

这件荷花缸宫廷钟表用于慈禧太后在圆明园福寿之时，其外壳为广州制作的掐丝珐琅，内部则是法国的奏乐机械系统。准点时，鹭鸶（lù sī）沿湖面转动，荷花随之张开，童子慢慢显现，手上的祝福语为“天下太平，万寿无疆”，晚清音乐——《好一朵茉莉花》也会同时响起。

这件钟表被李鸿章带去参加“万国博览会”，并获得了巴拿马金奖。那时清朝还没有国旗也没有国歌，外国使臣正准备看笑话时，年事已高的李鸿章含泪唱起“好一朵美丽的茉莉花”，命人升起的是直隶总督的黄旗，这一举动让原本想嘲笑我们的外国使臣肃然起敬，展示了一些有识之士为中华民族之崛起而不屈不挠的斗争精神。

陈设清宫

清朝是中国最后一个封建王朝，“康乾盛世”更是中国封建社会中最后一抹耀眼的光辉。这一历史时期的宫廷生活也以其独特的时代特点，散发着诱人的魅力：凝固的仪轨、华美的陈设、特别的信仰、精致的日用……其器类之丰富、材质之多样、造型之优美、制作之精湛，无不臻于极致，吸引着现代人的目光。它们不但是几千年中国的典章制度、学术思想、文化艺术、科学技术的大总结，更蕴含了丰富的民族文化内涵和人文精神。

凝固的仪轨

礼仪是为制度服务的，祭祀、朝会、庆典、出行、册封及皇帝的冠服等，都鲜明地体现出“别贵贱、序尊卑”的等级观念。清代上承前朝，将礼仪制度发展得更加完善。礼仪制度表现在具体实物上的主要有宝玺、金册、金宝、玉册、玉宝，甚至颜色釉瓷器也有着严格的规定，瓷器上黄色的多少，标志着使用者身份的高低，并详细记录在宫廷典制之中，以区别于普通老百姓，从而共同成为典章制度的有机组成部分。

娇黄生来贵身份

黄釉暗花西番莲纹盘

明宣德

低温黄釉烧于明代宣德时期，它是在已烧成的白釉瓷器上，再浇上一层含适量氧化铁作呈色剂的低温釉，在低温氧化气氛中烧制而成，因此称“浇黄”。它比素胎一次烧成的黄釉牢固，釉层不易剥落。并且在白釉上覆盖的黄釉更滋润娇嫩，恰似鸡油，所以又称“娇黄”或“鸡油黄”。黄釉器在明、清时期均由官窑所垄断。黄与“皇”谐音，是历代皇帝最喜爱的颜色。在明代，黄色是宗庙祭器的重要颜色。明嘉靖九年（1530）定四郊各陵瓷器的颜色中，黄色为方丘之器，方丘为祭地神的地方。清代这种内外均施黄釉的瓷器在宫中被称为“黄器”或“殿器”，只有皇帝、太后和皇后才能够使用。

明清朝廷不仅对黄色釉彩的运用有明确规定，而且对宫中器用也等级森严，皇室成员所用日用瓷器，分成十一个等级。据《国朝宫史》卷十七“经费一·铺宫”条中记载，清廷对从皇后到宫女们所用碗盘的色泽及数量都有明确规定：全黄釉瓷限用于皇太后和皇后，皇贵妃用白里外黄釉瓷，贵妃和妃子用黄釉绿彩龙纹瓷，嫔用蓝地黄彩龙纹瓷，贵人以下不得用黄色。据《国朝宫史》记载，“贵人”用器为绿地紫龙瓷盘、碟、碗、杯等。“常在”用器为五彩红龙瓷盘、碟、碗、杯等。其中第八等即此类龙凤纹碗。常在为明、清后宫第六等级的嫔妃，其地位在贵人之下，答应之上。因此五彩红龙碗为皇室后宫之用。据史籍载：“按：清朝后宫，别置女官，一曰皇贵妃，二曰贵妃，三曰妃，四曰嫔，五曰贵人，六曰常在，七曰答应。”

皇太后和皇后

黄釉海碗

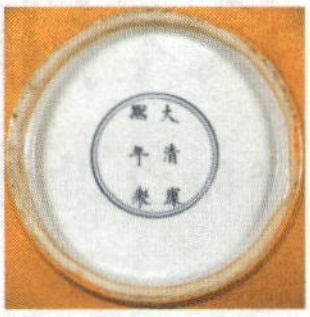

皇贵妃

黄地青花云龙纹碗

贵妃和妃子

黄地绿彩云龙纹碗

嫔

青花地黄彩云龙纹碗

贵人

绿地紫彩云龙纹盘

常在

五彩龙凤纹碗

长春同庆贺天子

珊瑚红地金彩双喜纹盘

清同治

推荐星级：★★★★☆

珊瑚红地金彩双喜纹盘直口，弧腹，圈足。盘的内壁，珊瑚红地上，有条不紊地环绕着中心的团寿纹，以金彩描绘了5周共99个双“喜”字；外壁饰珊瑚红地梅花蝴蝶开光纹，开光内以白地粉彩绘龙凤呈祥纹，纹饰虽小，在珊瑚红地的衬托下却十分醒目。圈足内，白釉有小波浪纹，中心红彩绘“长春同庆”四字双行楷书款。同治皇帝大婚时，官窑烧制过一批瓷器，其中以配套盘、碗等餐具占大多数。此盘应是其中之一。

袅袅沉香熏明月

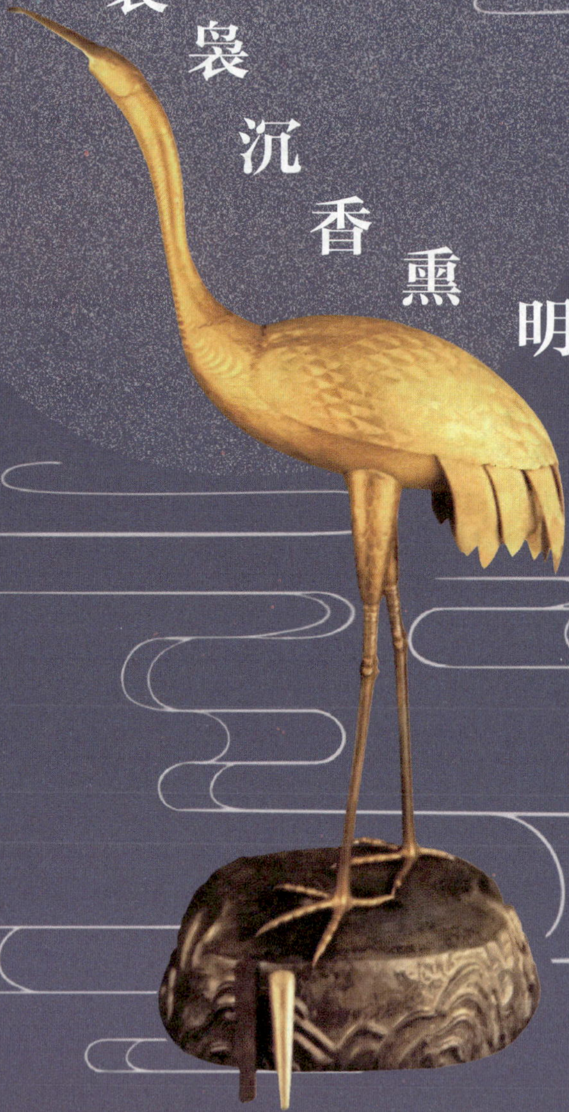

鹤式铜香熏

清代

香薰为清代宫廷陈设用品，置于宝座两侧。这件鹤式铜香熏呈昂首站立鸣啼状，通身錾（zàn）刻羽纹，它的翅膀为盖子，打开盖子在腹内贮（zhù）放香料，燃香时，鹤的嘴里飘出缭绕的香气。底置一椭圆形铜铅座，足底有榫（sǔn），可插于其上。

早在春秋战国时期，我国就有了对熏香使用的记载，当时的文人雅士都把香比喻为一种高尚、善美的品德。到了秦汉时期，丝绸之路带来了海外的各种香料，熏香、品香逐渐成为一种时尚。魏晋六朝和隋唐时期，由于受到了道教、佛教等宗教的影响，熏香文化尤在文人墨客、皇家贵族间流行，变为一种怡情养性的生活方式。到了宋代，香文化更是盛行，焚香、点茶、挂画、插花是当时上流社会怡情养性的四般闲事。到了清朝末年，国运衰退，香学与诗词乐舞等纯粹的艺术形式也随着清王朝的灭亡火尽灰冷。加之西方工业文明的侵入，使得后人对中国传统文化产生怀疑，以至于包括香文化在内的很多传统艺术文化渐已遗失。

宝座巍巍皇威赫

雕漆宝座

清道光

推荐星级：★★★★☆

宝座是帝王皇权的象征，多由名贵硬木制成，施以云龙等繁复的雕刻纹样，涂金漆，极其富丽华贵。清代规定，凡是皇帝所到之处，都要陈设宝座。为了显示宝座赋予皇权的威严感，清雍正帝曾明确规定宫内太监在“凡有宝座之处行走经过，必存一番恭敬之心，急趋窜步方和礼节”，可见宝座在统治者眼里已经有了自己营造的神圣味道。

这件宝座原存放于承德避暑山庄，为道光皇帝在热河行宫内所用，是清代晚期两淮盐政的贡品，真实体现了扬州工匠的高超技艺和盐商群体的富甲天下。

“宝座”的名字并非古来有之，而是借自佛家用语。在佛教中，诸佛所坐的莲花座称为“宝座”，明朝期间被人间天子借用。

皇帝的宝座严格来说不是椅子，而是源于古代的坐具“床榻”。先秦至汉魏时期，榻是当时的主流家具，可卧、可倚、可坐。后来，在宫廷殿堂等正式场合中陈设的坐具，仍是床或榻，只不过在这样严肃场合只可以端坐，不可睡卧。

中国很多传统家具设计的初衷并不是为了舒适，而是体现尊严。宝座，虽有扶手和靠背，可异常宽大，端坐时四周都靠不到，就如同坐在板凳上。

随处的精致

尊贵与精美在宫廷生活中几乎无所不在，哪怕是在起居、日用、盥洗、游憩等活动场所涉及的器具上，都表现得淋漓尽致，特别是各种饮食用具更是如此。所有器具依照“美食配美器”的原则，形成了一套完整的饮食器皿体系，人们以食器的数量、材质的优劣、工艺的高低来彰显礼仪、增添情趣。

觥筹交错鱼龙舞

青花鱼龙变化纹豆

清康熙

豆的造型为浅盘，大喇叭形中空高圈足。白釉润泽，青花发色纯正。口沿外壁绘贯套纹，高足部位饰鱼龙变化纹。豆盘内与高足内壁施白釉。白釉底，内底沿处有青花“大清康熙年制”六字一行楷书款。这种豆是清康熙官窑出现的新造型，是取青铜铺的平盘与豆的细高足而新创造的器型，在乾隆官窑瓷器中也有同样的器物。乾隆官窑的这种豆有两种规格，另一种的高度略高于此。

今朝吉祥和春住

青花缠枝莲托八吉祥纹尊

清雍正

尊敞口，粗颈，圆肩，下腹部收敛，圈足外撇。白釉滋润匀净，青花发色纯正，纹饰自上而下，依次为海浪纹、缠枝西番莲纹、朵花纹、如意云肩与花叶纹、西番莲托八吉祥纹（主题纹样）、海浪纹、卷草纹。白釉底，有青花“大清雍正年制”篆书印章款。雍正官窑中有一些青花器，或直接以明代永乐、宣德官窑瓷器为蓝本，或造型仿青铜器。这件贯耳尊的造型取自西周青铜尊；纹饰构图传承元青花的多层次形式，纹饰题材取本朝常见的缠枝花卉纹。它们的共同特征是：器物在底部都书有青花篆书印章款。这种款式与康熙官窑款完全不同，却与乾隆官窑款一致，应该是雍正七年（1729）以后，唐英督窑期间的产品。此尊即为其中之一。

五彩双凤欲生风

斗彩双凤八吉祥纹盘

清乾隆

盘口沿内壁微外折，浅弧腹，大圈足。白釉润泽匀净。璧纹饰，口沿为海浪纹，盘壁为八吉祥纹，底心饰西番莲双凤纹。外壁饰缠枝西番莲纹。圈足内的白釉有小波浪纹，青花书“大清乾隆年制”篆书印章款。盘底内心的四枚西番莲纹，色彩各异，视觉效果也不一样：矾红彩用胶水调色，如抹上去一般，比较平；其他淡黄彩、淡蓝彩和胭脂红彩三种色彩的立体感较强，因用油调色所致。据《雍正、乾隆官窑督陶大事记》记载，乾隆三年（1738）曾烧造此式盘子，称之为“五彩洋花八宝大盘”。

捧酒对饮雨打窗

青花莲花托八吉祥纹盉式壶

清乾隆

盉是一种青铜器，形状像壶，但有三条或四条腿。此件造型仿青铜盉，内壁施白釉，腹壁有比较明显的旋坯痕。盖面和外壁颈部饰缠枝灵芝纹，肩部有连续回纹，腹部主题纹样用莲托八吉祥纹表现，流、把、足都绘有串枝莲纹。据官窑烧瓷记录和《清实录》记载，乾隆三年，朝廷曾下御旨按新器型、纹样烧造一批器物，并统一款式；道光二十九年（1849）官窑又奉旨停止烧造十六种圆琢瓷器。清乾隆至道光时期的官窑器中，确实有一批圆琢瓷器仅乾隆、嘉庆、道光三朝有生产，这件壶便是其中之一。当代仿制品很多，并且有高仿器。

团团锦华簇八仙

青花暗八仙皮球锦纹包袱式瓶

清道光

包袱状器型，颈部有蓝地白花“彩带”束之。釉底，无款。它的底部内凹形成圈足，内足墙呈斜坡式，有沾砂。内壁颈部以下涩胎。外壁上、下腹所饰，暗八仙纹错落有致，皮球花纹犹如绣球散布其间。这种瓶有青花和蓝地白花两个品种，所绘题材丰富，除“暗八仙”，古钱、龟背锦、月华锦、鳜鱼、蟹、瑞果、花虫、花蝶、竹石、云墙、轮花和各种花卉，不一而足。用织锦纹饰做包袱瓶，多见于乾隆、嘉庆、道光三朝，作为特种工艺瓷的延续，它也给中规中矩的官窑瓷增加了活泼的形象。

“暗八仙”指八仙手中所持的八种宝器：葫芦、阴阳板、花篮、竹笛、莲花、扇子、渔鼓和宝剑。

大雅专属兰贵人

粉彩花鸟长方形花盆

清光绪

这件花盆是“大雅斋”专属瓷器。

据考证，大雅斋是慈禧太后的书房。署“大雅斋”款识的瓷器，为慈禧太后所用。它的造型规正，品种均系粉彩，这些粉彩瓷又有白地粉彩、蓝地粉彩、紫地粉彩、黄地粉彩、白地墨彩加粉、湖绿地墨彩加粉之分。“大雅斋”三字一行红彩楷书款，都置于器壁口沿之下。与“大雅斋”同置于一器的，一般还有椭圆形“天下一家春”龙纹篆书款。

“天地一家春”是圆明园内的一处建筑群，慈禧太后在此处得宠于咸丰皇帝。同治十二年（1873），为庆祝慈禧太后四十岁生日，此处曾花重金重修。

“天地一家春”款和“大雅斋”款同时出现在慈禧太后的专用瓷器上，应该是主人特有情结的反映。水仙盆和小缸的底部甚至还加绘“永庆长春”款。大雅斋款器通常包括缸、花盆、水仙盆、高足碗、高足盘等造型。每种花盆的造型都有三四种不同的规格。

墨色粉饰格一新

湖绿地墨彩加粉花鸟纹荷花缸

清同治至光绪

荷花缸内壁施白釉，砂底。外壁的湖绿色釉地上，有以黑、白两色绘就的菊花、秋葵花卉，喜鹊展翅于花丛之上。这种墨彩加粉的瓷釉装饰也别具一格。

花器生为爱花人

“体和殿制”款器

清光绪

故宫中的体和殿是在翊坤殿和储秀门穿堂殿的基础上，于光绪十年改建的。此后，慈禧太后住储秀宫时，就在这里用膳。署“体和殿制”款的官窑瓷器实为慈禧太后的专用瓷。本书收录的“体和殿制”款官窑瓷多为花盆。圆形花盆由圈足垫烧；长方形花盆由角足与底部托烧，盆底有 8~16 个不等的支烧点。底部有为红彩或阳刻“体和殿制”篆书印章款；刻款仅用于暗花品种，“体和殿制”款瓷器的品种，有青花、黄地粉彩、墨彩加粉、黄釉刻花等；外壁腹部仅绘主题花卉，边饰的纹样也比较简单，特点是多用青铜纹样与蝙蝠纹。

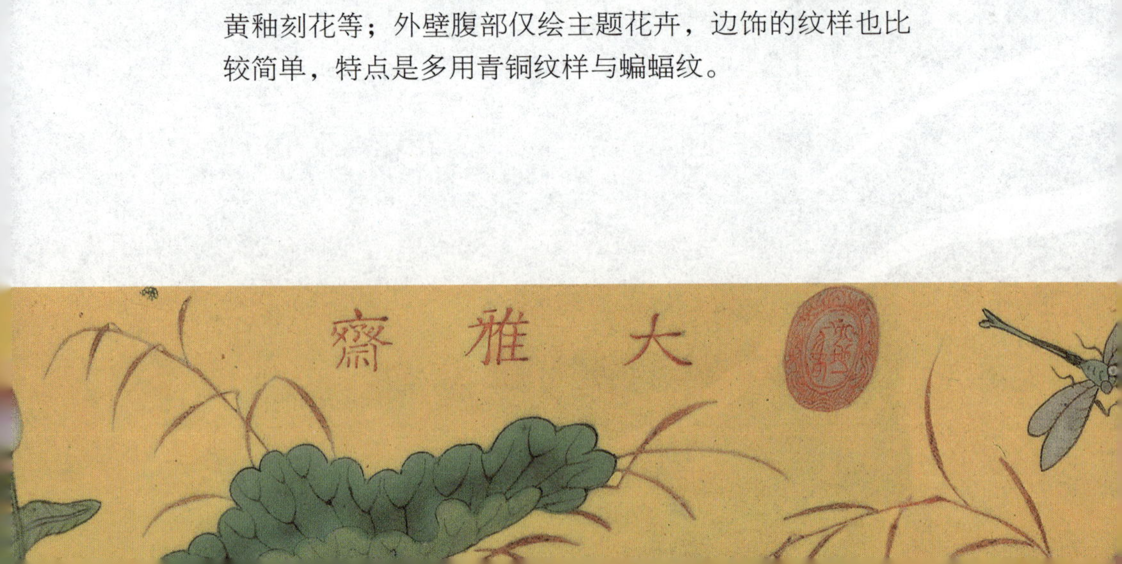

黄地粉彩花卉纹水仙盆

青花荷塘纹方花盆

黄地粉彩松树花卉纹花盆

青花花卉纹长方形花盆

黄地墨彩花卉纹花盆

青花花卉纹花口花盆

星光芙蓉少女心

芙蓉石蟠螭耳炉

清乾隆

推荐星级：★★★★★

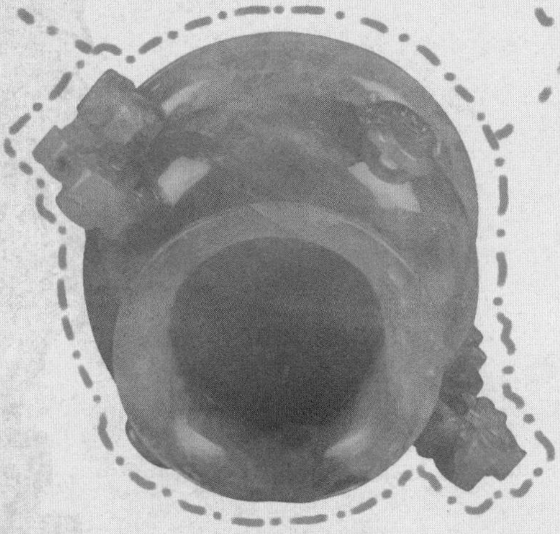

芙蓉石是石英石的一种，也称粉晶，常被称作“石中之后”，颜色呈粉红色，如芙蓉花般娇美，故而得名。芙蓉石产于岩脉中，在我国和美国、巴西、斯里兰卡等国家均有出产，但是斯里兰卡出产的“星光芙蓉石”最为珍贵，因其按一定方向琢磨，可见星光四射，因此得名。

人常说“黄金有价玉无价”。从古至今，帝王百姓无不钟爱美玉，而乾隆帝的玉石宝贝选用斯里兰卡进贡的“星光芙蓉石”，经宫廷造办处精雕细琢而成。芙蓉石质地易脆，制作成芙蓉石蟠螭耳炉这么大件的器物实属不易。这尊耳炉不愧为国宝，它就像一朵绽放的芙蓉花，温柔而迷人，大大地满足了乾隆帝的“少女心”。

四季为花常相伴

铜珐琅方形瓶花

清代

这件琮式铜珐琅方形瓶花，通体镀金施浅蓝色珐琅釉，腹部开光内饰装点各种花卉，瓶颈与胫部用蓝色莲瓣纹装饰，有画龙点睛的效果，瓶口的玉石花没有耀眼的色泽，给人一种古意盎然的沉稳之气。

清朝在北方建都，冬天寒冷，没什么景致，为了打发无聊的寒冬，宫廷盛行打造这种玉石永生花，不仅好打理，还可以为室内增添一份生机。

瓶花，是中国传统的插花艺术，产生于一千多年前的北宋年间，起源于佛前供花。古人认为花草和人一样都有着鲜活的生命，“瓶花”是生命的艺术，表达了中国传统文人所追求的生命价值。

信仰的依凭

清代皇室的宗教信仰，有佛教、道教和萨满教等，但主要是藏传佛教中的喇嘛教，它们是清政府团结蒙、藏民族有力的政治工具。清宫主要珍藏的宗教文物有造像、佛经、法器三大类，形制规整、质地华贵、工艺考究，代表了当时的最高水平。造型与风格多样的佛教精品，凝结为厚重的文化内容，以其鲜明的佛教特色独领风骚，成为弥足珍贵的历史文化积淀。或古朴典雅，或雍容华贵，或精巧别致，成为意蕴丰富的艺术品，也让我们从历史与文化艺术的多视角，体味清代多民族统一的历史环境下，融合了各民族文化的佛教艺术风采。

奇珍异宝莲花座

铜珐琅七珍

清代

“七珍八宝”是佛教的珍奇之物，象征着吉祥。以“七珍八宝”供养三世诸佛，将获得莫大的福德。

七珍又称七宝，即七种珍奇宝物。藏传佛教供奉的七珍在《翻译名义集》卷三云：“佛教七宝凡有二种，一者七种珍宝。二者七种王宝。”王宝为另一种含意的七珍，是转轮圣王拥有的七珍。它们是金轮宝、主藏宝、大臣宝、玉女宝、白象宝、胜马宝、将军宝七种。造型为上部放置七珍，下由莲座相托，莲座上为仰莲，下为覆莲，之间由弯曲的莲枝相接。

七珍－珠宝

七珍－玉女宝

七珍－马宝

七珍－金轮宝

七珍－将军宝

七珍－白象宝

七珍－大臣宝

八宝世间送吉祥

铜珐琅八宝

清代

推荐星级：★★★☆☆

八宝又称八瑞相、八吉祥，即藏传佛教中八种表示吉庆祥瑞之物。在藏传佛教寺院法物、法器、佛塔和藏、蒙民居、服装、哈达、地毯以及绘画作品中，多以此八种图案为纹饰，以象征吉祥、幸福、圆满。

八宝－宝盖

八宝－宝瓶

八宝－双鱼

八宝－伞幢

八宝－法轮

八宝－八吉祥

八宝－莲花

八宝－法螺

番莲盛开敬佛前

铜珐琅五供

清代

佛前五供，是由佛教礼仪制度的形成逐渐演化而来，它是人们用香炉、烛台和鲜花来敬佛、礼佛的一种礼仪形式。佛教里讲究“三”这个数字，而“香炉、烛台、花瓶(觚)”代表了“三具足”，这可能也有三样缺一不可的意思。这套供器造型规整，工艺精细。全器以浅蓝地掐丝珐琅为饰，缠枝西番莲为主要装饰纹饰。

五供－香炉

五供－烛台

五供－瓶

旋转不息妙法轮

描金瓷法轮

清嘉庆

推荐星级：★★★★☆

这件金釉法轮并不是一件法器，也不用于佛堂的摆设，而是清代官窑制作的一件具有象征意义的工艺品。它模仿珍贵的金法轮，在白瓷胎的外面通体罩金釉，上面点缀着仿红宝石釉、仿蓝宝石釉和仿绿松石釉，乍一看，真像一尊点缀着宝石的金法轮，极具高贵华丽之感，底部有篆书“大清嘉庆年制”印章款。金釉法轮彰显了清代官窑高超的制瓷技术，拢合了藏族高层的归顺之心。一般来说，法轮有两个用途。一是藏传佛教徒在做法事的时候使用的一种法器，以金法轮最为珍贵。在佛教中，佛祖释迦牟尼开始说法也被称作“初转法轮”。二是佛堂中的陈设品。清代的宫廷内，供帝后们礼佛瞻拜的佛堂遍布各处。当时，佛堂的摆设已经规范化、程序化，七宝、八吉祥是佛堂中必备的陈设品，以景泰蓝质地的为多。七宝包括轮宝、男宝、女宝、兵宝、象宝、胜马宝、火珠七件组合，在七宝中，轮宝即法轮。

红花甘露映乾坤

红彩甘露瓶

清乾隆

甘露瓶又称藏草瓶。直口，长颈，项有两节，中凸起，鼓腹，收胫，覆盆式底座，足端平切。内壁、内底施白釉，外壁以矾红彩绘纹样，由上至下依次为回纹、朵梅纹、覆莲纹、仰莲纹、如意纹、变形覆莲纹、折枝莲纹、蕉叶纹、双重覆莲纹。底足无款。秀美的造型、精细的绘工、协调的色彩与精美的纹饰浑然一体，体现出西藏地区传统造型与内地悠久的陶瓷烧造工艺高度完美的结合。藏草瓶虽无官款，却是著名的唐窑作品。这与《乾隆纪事档》的记载相符：乾隆十一年“二月率旨烧造红花甘露瓶，俱不要款，同年五月初一日，唐英将按旨照样烧造得：红花白地甘露四件……奉旨俱留下，其甘露著唐英再烧造几件”。乾隆时期景德镇御窑厂生产了大量藏传佛教用具，除甘露瓶，多穆壶、贲巴瓶、贲巴壶、金釉法轮、金釉无量寿佛、仿木纹釉碗、仿雕漆碗等都是同时期的作品。

盛世华彩

“国之大事在祀与戎”，祭祀在古代社会中举足轻重。明洪武二年，政府规定“祭祀皆用瓷”，清承明制。在清帝国政权逐渐稳定之时，官窑瓷也被提上帝王的议事日程。清官窑设在景德镇珠山一带，是专门生产供朝廷使用、支配的瓷器的窑场，也是官窑瓷生产的管理机构。从某种意义上说，中国古代官窑瓷是皇权的象征，使用官窑瓷是统治者身份的象征。本展览的展品均为流传有序的院藏清三朝官窑瓷，因此，将清代官窑瓷的风格充分表现出来：康熙官窑瓷大气，雍正官窑瓷玲珑，乾隆官窑瓷艳丽。

青花瓷

青花是釉下彩绘瓷器，用含钴的色料在瓷胎上绘出花纹，再上透明的白釉，经 1280℃ ~1300℃的高温一次烧成，成品为白地蓝花。我国唐代的三彩陶器上已使用含钴色料。元代生产青花瓷器的主要地点是景德镇，其瓷胎采用瓷石加高岭土的“二元配方”，使三氧化二铝的含量可达 20.24%，窑温也可以提得更高，并减少变形。所用青料是进口的苏勃泥青（苏麻离青），这种青料中锰的含量与钴大体持平，而含铁特高，呈色鲜艳，但在色浓处往往有褐黑色的结晶斑点闪烁如铅（也叫“锡光”），摸之有凹陷不平之感。明永宣间所烧青花仍多用这外来青料。成化间改用国产青料平等青（即江西乐平的陂塘青），其中含铁少，含锰高，呈色较暗。嘉靖间改用回青，成品呈翠蓝色，但釉下微微闪红，是其特点。清代改用浙江金华、绍兴一带出产的钴土，呈纯蓝色。这时还创出用浓淡不同的色料绘出的有深浅层次的青花，有如蓝色的水墨画，颇耐观赏。

御窑厂里青花青

青花花鸟纹盖罐

清顺治

这件青花盖罐胎体厚重坚硬，外壁微微泛青的白色釉上用青花蓝做装饰图案，罐体选择牡丹、菊花、蕉叶、山石和绶（shòu）带鸟纹作装饰。

明洪武二年 (1369)，朝廷在景德镇珠山建立了御窑厂，专门生产官窑瓷器。御窑厂历经明清两朝 27 位皇帝，为朝廷服务长达 542 年（1369 ~ 1911），生产出不计其数的精美瓷器。

清康熙时期，官窑生产的瓷器大多造型高大，这件青花大尊即是其一。此尊没有款识，但来头不小，是专为“万寿节”特制的，是臣子为康熙帝祝寿精心打造的生日礼物。

此尊高达77厘米，周身绘满篆、草、隶等书体的“寿”字。尊口的上沿两周，每周77字；口的侧沿、圈足外沿每周48字；器身竖列75行，横置130排，共计整整1万字。字的大小随器物的造型曲线自然伸缩，十分有序，每个寿字都各不相同，这1万个寿字寓意“万岁，万岁，万万岁”。

万岁万岁万万岁

青花万寿纹尊

清康熙

推荐星级：★★★☆☆

莲花池里青花绽

青花莲池花鸟纹花盆

清乾隆

花盆胎体厚重，折沿，直腹，微敛，胫部弧收，浅圈足，足端宽平，内足墙为斜坡状，底部有一个直径不到两厘米的小洞。白釉润泽，青花发色有层次感。外壁纹样为通景式构图，鹭鸶纹用淡描青花笔法勾勒，荷花纹、莲叶纹、翠鸟纹则以青花混水笔法绘成，这种淡描、混水并用的瓷画笔法十分少见。花盆内壁一半施白釉，胎釉结合处的截线整齐。砂底。无款。青花混水笔法乃明末清初特有的一种青花绘画笔法，其特征是画面上不见笔触，具有浓淡不同的青花渲染效果。康熙朝的青花瓷画因用此种笔法绘画，而有水墨丹青韵味。

寿山福海击狂澜

青花寿山福海纹花盆

清康熙

花盆直腹略收，折沿，胫部略内凹，大平底，有一阔洞。外壁白釉匀净滋润，青花发色靛蓝而有层次。花盆绘通景式纹样，画面一侧绘红日高悬，祥云缈，蝙蝠翻飞，波涛汹涌，山石高耸，松柏苍劲；另一侧绘梅花鹿（禄）、青松（长寿）、蝙蝠（福），整个画面寓意寿山福海。胫部饰莲纹装饰带。内壁半釉，截线不齐，下半壁釉斑淋漓。折沿下有青花“大清康熙年制”六字一行楷书款。花盆的胎质坚致，有如此硕大的造型相映衬，并不显得厚重。寿山福海纹是明清瓷器中常见的纹样，明代寿山福海纹仅绘海浪山石以隐喻，而清代则一定绘有蝙，以谐音示福。这种造型的花盆，为官窑瓷精品，唯康熙官窑所特有。

仙姑仙桃祝寿来

青花福禄寿三星图六方花口花盆

清康熙

这件花盆整体造型为两面对称的六棱式，折沿，沿面为菱花口式，腹部略作内弧式，微上丰下敛，平底，下有两只小洞，设四只如意式角足。花盆的足端外沿与折角处皆起阳线，清代花式造型的花盆都是如此做法。外壁白釉润泽，腹部的六面纹饰皆绘麻姑献寿纹，麻姑与侍女或捧灵芝，或持寿桃，或擎果盘，乘骑着麒麟等瑞兽，纹样以祥云松柏相衬，一派祥瑞之气。纹样依花盆的造型有主辅之分，两个正面绘麻姑，有侍女同麒麟、梅花鹿相伴；四个侧面相对简单，仅绘麻姑一骑。内壁半釉，下半截斑釉淋漓。砂底。折沿下有青花“大清康熙年制”六字一行楷书款。麻姑的传说始载于晋代葛洪的《神仙传》。中国传统中祝贺女寿，多以麻姑的传说故事为题材制作寿仪，麻姑献寿纹遂成古代工艺品中常用的吉祥图案。

大吉大利惹人爱

淡描青花鸡缸杯

清雍正

鸡缸杯造型似缸，小器大样。鸡缸杯敞口，斜腹，微微弧收，平底内凹成圈足。白釉匀净润泽，青花发色淡雅，外壁绘鸡纹，故名鸡缸杯。外壁腹部两面各绘一组活泼可爱的“鸡家庭”，间绘山石花卉纹。底部和内壁施白釉。底有青花双淡描青花，是斗彩的半成品；斗彩鸡缸杯作为成化官窑的名贵品种，明万历、清雍正官窑以及民国初期和当代都有仿制。清官窑与民国仿制品，工艺比成化官窑的原器精细。

十二风雅十二花

青花十二月花卉纹杯

清康熙

推荐星级: ★★★☆☆

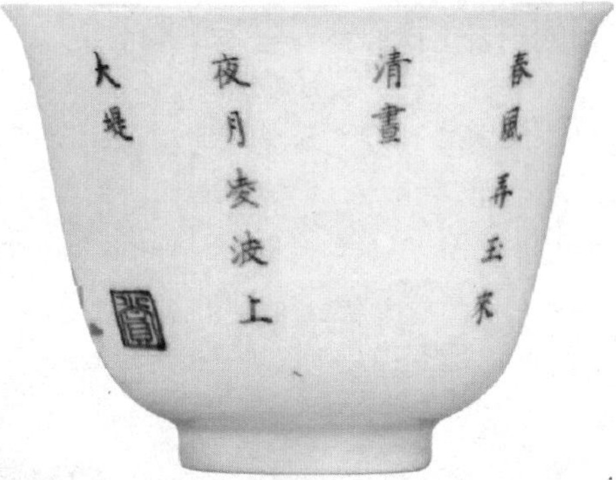

这套杯子胎薄如纸，口沿如线，晶莹剔透的白色背题加上纯正的青花色，绝对的素雅之气。

杯子一套 12 只，每只一面花一面诗，共计 12 种花卉，称为“十二月花神杯”。不过花卉并不完全按照开花时令排列，分别是正月水仙、二月玉兰、三月桃花、四月牡丹、五月石榴、六月荷花、七月兰花、八月桂花、九月菊花、十月芙蓉、十一月月季花、十二月梅花。

五彩瓷

五彩瓷有釉下釉上结合与单纯釉上彩两种类型。前者称为青花五彩，即釉下青花和釉上五彩相结合，此类五彩瓷以明嘉靖、万历二朝的最佳；后者为釉上五彩，出现于清康熙朝。这一时期发明了釉上蓝彩和釉上黑彩；前者比青花更鲜艳，而用后者绘在白瓷上，起到了有如用墨在纸上作画一般的效果。釉上五彩的制作是先以高温烧成白瓷，然后绘彩，再在彩炉中低温烧成。康熙五彩色彩繁多、色泽亮丽，特别是金彩的运用突破了明嘉靖在矾红、霁蓝等地上描金的单一手法，在五光十色的画面中往往能起着增加富丽娇艳的效果。康熙五彩的纹样多以戏剧刀马人物、道仙人物、花鸟为题材，以刀马人物纹最具特色。

五色斑斓盛世彩

五彩花卉纹瓶

清康熙

瓶敞口，束颈，溜肩，圆腹，圈足较高，外撇，内墙高仅为外墙的二分之一，足端有两层台。外壁白釉发粉白色，腹部绘主体纹样山石花卉纹。内壁口沿内有细旋坯痕，肩部以下未施釉，可见釉斑淋漓。圈足内绘青花双圈，见棕眼。无款。康熙朝彩瓷的白釉底大致有釉色微泛青、较清亮和发粉白色三种，此瓶白釉发色粉白，俗称“茭白釉”，官窑器中少见。五彩瓷是康熙朝瓷器的特色品种。此瓶山石的勾边黑彩黝黑，金彩菊花呈色纯正，蓝彩菊花是最早的釉上蓝彩，如此色彩搭配体现了康熙朝五彩瓷独特的个性。

斗彩瓷

斗彩为拼合的彩瓷之意，有广义和狭义之分。广义斗彩包括了所有釉上釉下结合的瓷器，例如五彩和青花五彩等；狭义斗彩始烧于明成化官窑，制作工艺是在釉下以青花勾线，入窑烧成淡描青花瓷，而后于釉上在双勾线青花内填彩，最后烘烤而成。清雍正官窑斗彩造型玲珑、色彩柔美，工艺最精细。

窑中万紫斗千红

斗彩福禄寿三星纹六棱菱花口花盆

清康熙

花盆整体造型为两面对称的六棱式，折沿，沿面为菱花口式，直腹，略上丰下敛，平砂底，有小洞两个，下设四只如意式角足。外壁白釉润泽，板沿面绘朵花龟背锦开光篆体“寿”字纹，腹部绘福、禄、寿三星纹。花盆的两个正面，一面为三星朝圣图，穿橘红衣手持竹筒者象征孔子；另一面以寿山福海为背景，绘福、禄、寿三星图。四个侧面亦皆绘福、禄、寿三星图，他们各自手持寿桃、灵芝、葫芦或者卷轴。内壁半釉，内口沿下施釉不均匀，下半截釉斑淋漓。砂底。折沿下有黑彩“大清康熙年制”六字中行楷书款。如此之大的六棱菱花口造型花盆，唯康熙官窑有见。

粉彩瓷

在清宫档案中被称为“洋彩”，20 世纪二三十年代改称为“粉彩”。粉彩是在珐琅彩的基础上烧制成功的，是在烧好的白瓷上绘画，然后入彩炉烘烤而成的釉上彩瓷，其主要特点是红彩中使用了粉红色，古陶瓷中称之为胭脂红。绘制粉红彩时，先施白彩，景德镇工匠俗称“玻璃白”，然后再用洗染笔法绘制粉红彩。彩上好以后在彩炉中烘烤而成，因色彩有粉质感，故而称之为“粉彩”。粉彩始烧于清康熙朝，雍正官窑粉彩最柔美，自乾隆朝以后，粉彩成为清代粉彩的主流品种，曾经称雄于瓷坛的青花瓷退居于次位。

吉祥如意自风流

黄地粉彩三多连绵纹海棠式带托花盆

清康熙

清乾隆粉彩瓷极端程式化，这些花盆将各种造型、色彩、纹饰搭配，形成眼花缭乱的组合。

造型有长方委角、六方、海棠、梅花、葵花、菱花、菊花、腰圆等 8 种，足式为配合造型有 6 式——花式、如意式、圈足如意式扁足、圈足如意式角足等。

花盆内壁饰湖绿釉、外壁装饰品种主要是粉彩，有白、黄、绿、紫红、粉红、蓝 6 种地色；纹饰题材有宝相花、荷花、寿桃、佛手、石榴、蝙蝠、夔龙、夔凤、如意头、结、磬和卐（万）字，它们不厌其烦地组合变化，合成了吉祥如意的主题纹样，甚至有的花盆底部有金彩或红彩绘制的朵花纹，且足端涂有金彩。这组花盆似乎无意做鲜花的点缀，而是尽量将讨吉祥口彩的习俗融入花盆创作中，将乾隆官窑粉彩瓷色彩华丽、画面繁缛、画笔细腻、寓意吉祥的特点表现得淋漓尽致。

瓶瓶罐罐墙上挂

粉彩描金大吉葫芦式壁饰

清乾隆

壁饰是宫廷中悬挂在墙上的装饰用品，最早是以壁瓶的形式出现在明万历年间，明末清初时期又演变成镶嵌于墙壁、花窗或者家具中的瓷板画，类似于现在的陶瓷挂画。

这件结带葫芦瓶状的壁饰在清乾隆朝非常常见，多嵌于镶框之内。其背面为平板式，中间留有斜榫（sǔn）洞，方便固定。整个瓶身选用红彩锦地万字不断头开光纹，瓶身的上下部分的正中处写着金色的“大吉”二字，无论是装饰图案还是色彩均呈现出皇家气派，也充分体现出乾隆官窑的精湛工艺。

古代没有螺丝，而是通过器物身上的凹凸部分相互咬合，起到连接作用，其中凸出的部分叫榫，凹进的部分叫卯（mǎo）。榫和卯是中国古代建筑、家具及其他木制器械的主要结构方式。

这件盖罐又称“将军罐”，大多为青花图案，而像这种粉彩图案装饰的则比较少见。此罐肩部、颈部开光内用金鱼、芦苇和螃蟹等做装饰纹样，是古代常用的吉祥纹样，其谐音为“金玉满堂”，寓“二甲传胪”之意。

将军罐，是一种陶瓷罐式，因盖似将军盔帽而得名，最早是佛教僧侣盛敛骨灰的器物，类似于今天的“骨灰盒”。直到明末，在将军罐的外壁上开始使用多种彩釉装饰，逐渐被当作观赏的陈设器，至清顺治时期基本定型，盛行于康熙朝。其器型高大、丰硕、俊美，外壁又饰各种青花、五彩图案，经常作为婚嫁必备之物。再后来，将军罐逐渐发展成盛放米面等物品的实用器具。

将军帽下怒百花

粉彩花蝶纹盖罐

清嘉庆

推荐星级：★★★☆☆

帘遮清风好风景

雕地胭脂红地粉彩御题诗纹轿瓶

清乾隆

官汝稱名品新鉼
製更嘉隨行供嘯咏沿
路擷芳華掛處輕車稱
簪來野卉斜紅壓安得
近香籟度帷紗
乾隆御題

轿瓶，也称壁瓶或挂瓶，像是从上到下劈开的半个瓶体。这件轿瓶前面凸起，背面平整并有楔形方槽及两小孔，可以挂在墙上当作花瓶插花，或挂在轿子里欣赏和装饰，是清代乾隆朝别具一格的瓷器工艺品。

乾隆帝一生六下江南，四次东巡，每年还要到木兰围场打猎。迢迢万里，轿子是他重要的出行工具，想必轿瓶是他在颠簸旅途中可以凝视的小风景。有时，乾隆帝出行归来还会作诗，并将诗句烧在新制的轿瓶上——乾隆帝共写了七首咏轿瓶的诗。

这组轿瓶是景德镇官窑专为乾隆皇帝出行烧制的，谁知道它陪伴了一代帝王多少旅途中的时日呢？

琳琅满目
堆起来

黄地粉彩堆贴博古纹尊

清光绪

推荐星级：★★★☆☆

尊，在古代既是祭祀器和礼器，也是一种大中型的盛酒器，多为青铜器材质，春秋后期已经少见。清代在意谐音，出于“趋吉避凶”的心理，将瓶称为尊，所以当时的尊应和瓶功能类似，是作花瓶或陈列展示之用。

博古纹，是将瓷、铜、玉、石等各种古器物绘制成装饰纹样。堆塑，是先做好花瓶、灯笼之类的半器造型，然后贴在瓶壁上，形成高浮雕。

这件尊整体是黄地粉彩装饰,整个外壁遍布吉祥博古纹，而博古纹又采用堆塑堆花、沥粉与彩绘多重工艺进行装点，这些工艺搭配出深浅不同的浮雕效果，使得瓶壁上的图案显出很强的立体层次感。

官窑瓷

官窑瓷指御窑厂为宫廷专门烧制的瓷器，北宋以前，宫廷所需瓷器以定烧的形式，在民间窑场中制作，实行“有命则供，无命则止”的烧造体制，其产品称为官器。春秋、战国原始青瓷礼器是官器，晚唐、五代越窑、北宋汝窑、定窑、景德镇窑和明代龙泉窑都曾经专门为朝廷烧制过官器。南宋临安郊坛下和五桂山官窑是如今可考证的第一座专门烧制皇家官窑瓷的窑场。

明代，官窑的体制有了本质的改变。明洪武二年，明朝廷在景德镇珠山设立了长期固定的御窑厂，专门生产宫廷用瓷。景德镇御窑厂（1369~1911）的建立是中国陶瓷史上的重大事件，这种烧瓷体制除了在明景泰至天顺（15 世纪五六十年代）有二十年左右，明万历三十五年（1607）至清顺治十一年（1654）的四十七年间，因社会动荡有中断，其余时期盛烧不衰，存在于明、清两代近五百年。

各色釉盘在清宫日用瓷中，用量最大。上至皇太后，下至皇子侧福晋均有配额，但所配数量不同。据文献记载，从八个到一百个不等：皇太后：各色瓷盘百；皇后：各色瓷盘八十；皇贵妃：各色瓷盘四十；贵妃：各色瓷盘三十；妃：各色瓷盘二十；嫔为十八；皇子福晋十四；贵人十；常在、答应及皇子侧福晋各八。

百炼初凝郎不流

郎窑红釉观音尊

清康熙

推荐星级：★★★★☆

尊口微敞，长粗颈，溜肩，长直腹，二层台式平底内凹圈足，外足墙有旋坯痕。口沿镶金扣，金扣下沿有一周边沿不规则的泛青的白釉，为高温下釉熔融后流淌而至。内壁与底施较薄的白釉。无款。

郎窑红釉因传为康熙时期督窑官郎廷极督窑时创烧而名。它的釉面特点是开大片纹，红釉中有细小的黑色细丝或小斑，即所谓牛毛纹；视觉效果是红色特别鲜艳亮丽，玻璃质感强，色泽鲜红如初凝之牛血，故又有牛血红之称；工艺特点是釉的底线堆有聚釉，但并不流下来，故有“郎（窑红釉）不流”之说，烧成温度高达1300℃。此品种对温度与窑炉中的化学气氛要求很严，故烧成十分困难。郎窑红釉瓷一般不书款。

暮霞沉彩祭九天

祭红釉长颈瓶

清雍正

长颈瓶直口，细长颈，圆腹，圈足。外壁施祭红釉，釉质均匀沉静，内壁和圈足内罩白釉，内壁白釉较薄。底有青花双圈“大清雍正年制”六字两行楷书款。

祭红釉始烧于元代，又有霁红釉一名。清代官窑瓷中有祭红釉、郎窑红釉和豇豆红釉三种高温红釉，祭红釉瓷因釉色沉静，为祭祀中的必用品种，故名。据《大明会典》记载，明代日坛祭祀用红釉瓷。

淡酒清觚对流年

仿汝天青釉出戟觚

清雍正

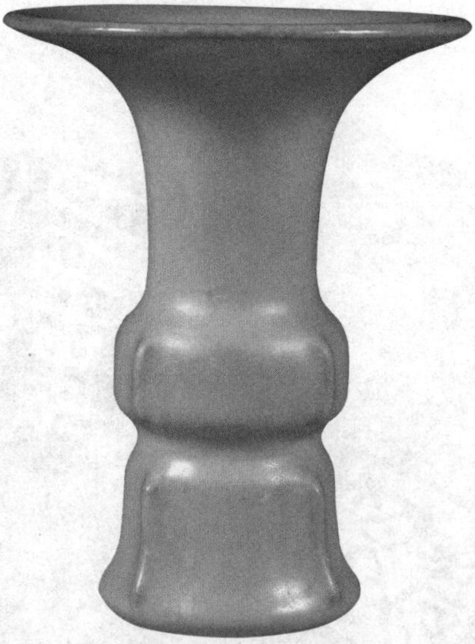

觚喇叭式口，直腹，腰部凸出，胫部外撇，圈足，极浅，腰部和腹部凸现四条垂直凸棱，故名出戟觚。底有青花“雍正年制”篆书印章款。

此觚有如下四点独到之处：其一，釉色浑然一体，釉质颇为滋润，有很强的玉质感。釉面所显示的几道本色大片纹，应该为出窑后胎釉应力所致；其二，景德镇雍正官窑器的胎一般为白色，然而此件器口处的釉较薄，泛出类似汝窑香灰胎的淡古铜色，这是雍正官窑特意为之；其三，足墙原本较高，由于釉厚流淌而变成极浅的圈足。它的外周裹釉饱满，像是一圈凸棱，足端饰咖啡色护胎浆水。浅圈足内所罩釉色与器表完全一致，显示出精湛的工艺；其四，圈足内绘四字款识，不同于一般雍正官窑的六字款。内壁罩釉，口沿和颈部与外壁相同，自腰以下较薄，可明显看出施釉的层次。

雍正官窑中，类似这种造型的器件还有冬青釉花觚。

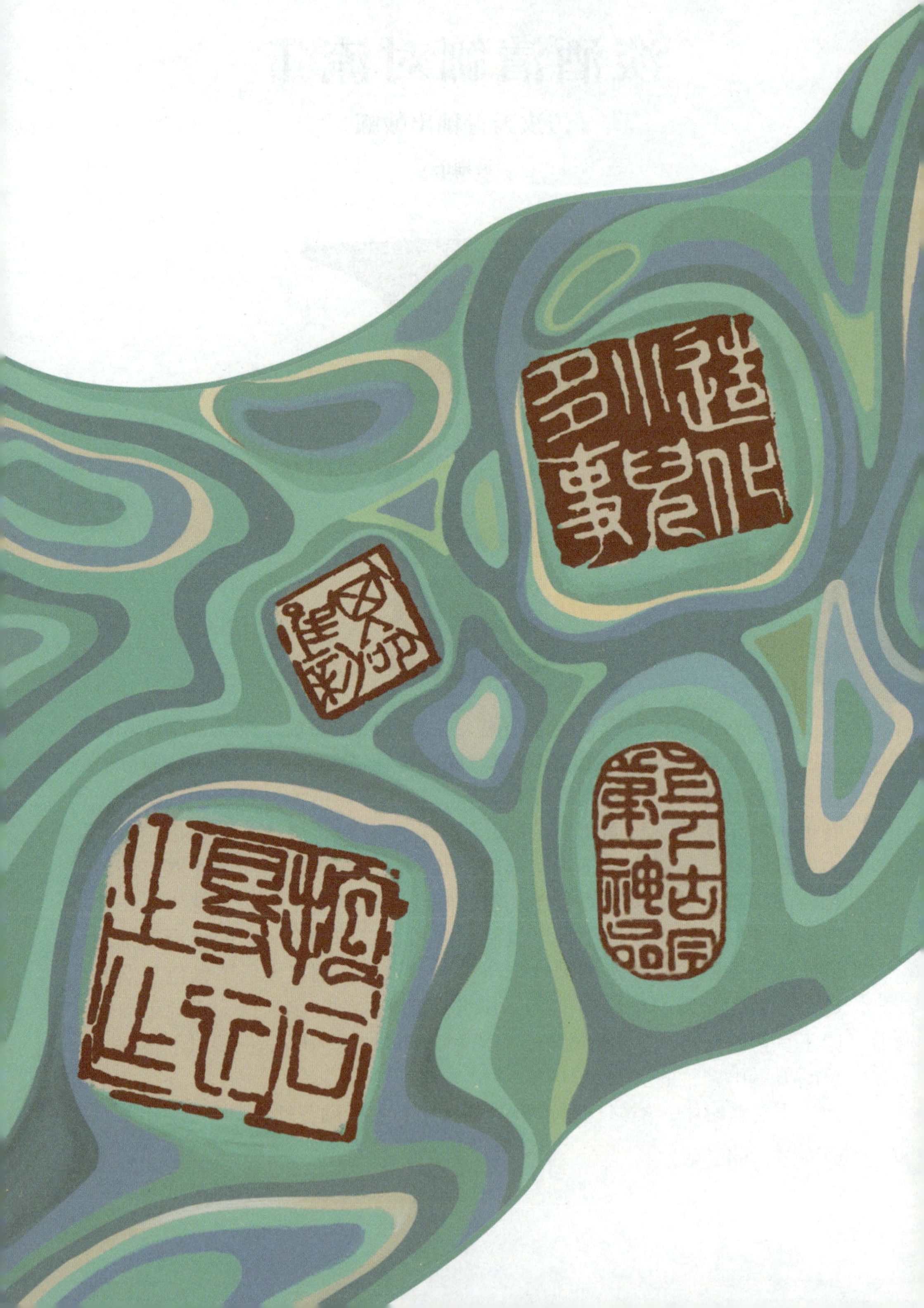

艺术馆

南京博物院艺术馆设立多个独立的专题展馆，将院藏的历代珍贵书法、绘画、雕塑等艺术精品分门别类，进行展示。

艺术馆平面示意图

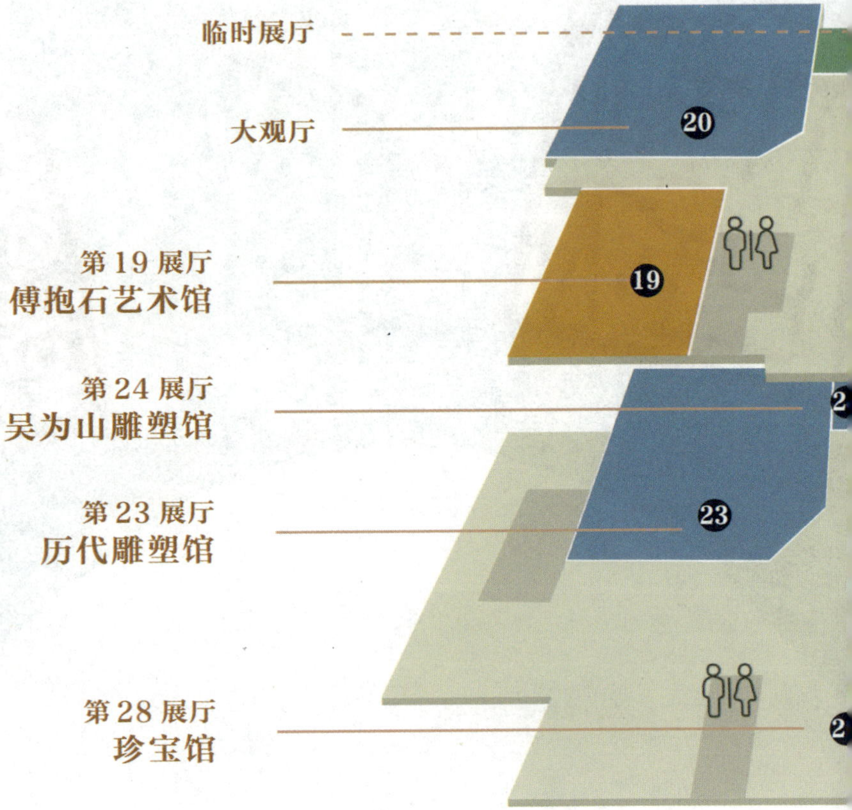
临时展厅
大观厅
20
第19展厅
傅抱石艺术馆
19
第24展厅
吴为山雕塑馆
第23展厅
历代雕塑馆
23
第28展厅
珍宝馆

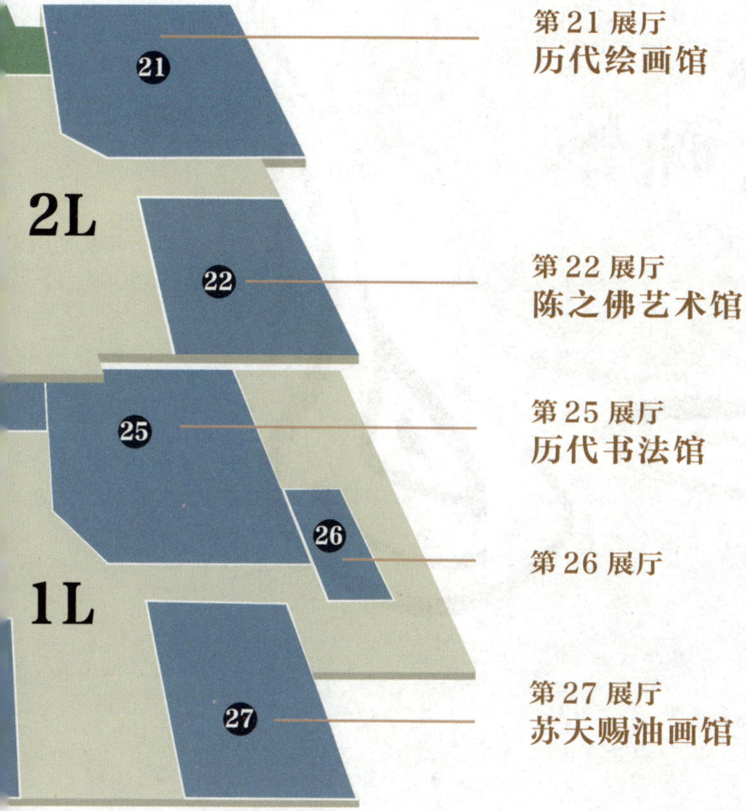
2L
21
22
1L
25
26
27
第 21 展厅
历代绘画馆
第 22 展厅
陈之佛艺术馆
第 25 展厅
历代书法馆
第 26 展厅
第 27 展厅
苏天赐油画馆

历代
绘画馆

南京博物院收藏了丰富的古代绘画作品，尤以元明清及近现代江苏地区书画作品为大宗，吴门画派、娄东画派、扬州画派等是其杰出代表。

左右画坛三百年

王原祁《溪山深秀图》

清代

王原祁，江苏太仓人，清代娄东画派代表人物之一，左右清代画坛300 年。

王原祁宗师黄公望，遍临古画，擅长披麻皴（cūn）；他作画时用笔沉着，自称笔端有“金刚杵(chǔ)”；他的画“熟不甜，生不涩，淡而厚，实而清”；他的山水画风格引领整个清代绘画的发展。

此图为王原祁于丙子年（1696）春季创作，画中山峦叠嶂，板桥茅屋，飞瀑如练；技法上，虚实相结，向圆厚、苍茫、虚婉的境界靠拢。此图流传 300 年来竟无一丝断裂破损，品相之好实在少见。

披麻皴，是中国山水画传统技法之一，此法善于表现江南土山平缓细密的纹理，圆而无角，线条遒劲，像麻披散而错落交搭，所以叫作“披麻皴”。

江山难抵万世书

赵佶（jí）《鸲鹆（qú yù）图》

北宋

推荐星级：★★★★☆

鸲鹆即为“八哥”，生性调皮好斗。画作真实表现了两只八哥激斗，一只在旁观战的情景。

宋徽宗赵佶是宋朝的第八位皇帝，他热爱书画，网罗了大量绘画人才，设立宫廷画院，甚至将绘画作为科举考试项目，极大地刺激了中国画的发展。他自创“瘦金体”，也长于花鸟画，其作品设色艳丽，风格富贵，在他的组织下，官方编纂了《宣和画谱》和《宣和书谱》。然而，过犹不及，他的浪漫风雅到了玩物丧志的地步，终将宋朝推向了腐朽。在他统治期间，宋江起义、方腊起义，外族金军大举南下，攻破都城开封，宋徽宗也被废为庶人，史称“靖康之变”，北宋由此灭亡。

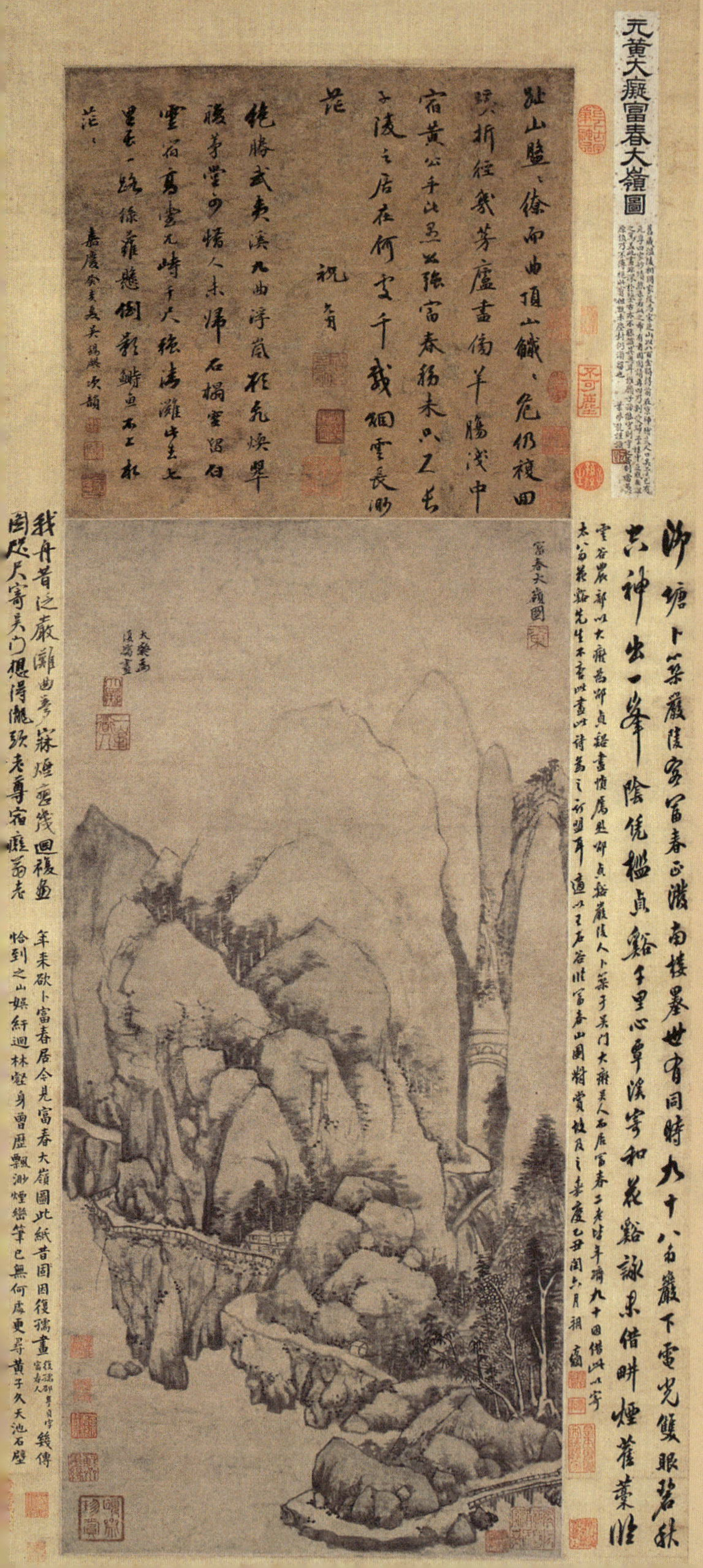

心中天地绘山水

黄公望《富春大岭图》

元代

黄公望是元代杰出画家，名列“元四家”之首。他出生于江苏常熟，原名陆坚，因父亲早逝，幼年成为黄乐继子。黄乐家境富裕却无子，高兴得叹道：“黄公望子久矣。”从此改名黄公望。黄公望工书法，通音律，善诗词散曲，尤擅画山水。

黄公望自幼聪颖，立志要当官改变世界。然而，没过多久，宋朝灭亡，身为汉人的黄公望只能在元朝当个小小的文吏。随后又因上司贪污被牵连入狱，从此对官场彻底失去了兴趣。他晚年隐居浙江富春山，并绘制了举世闻名的《富春山居图》。

《富春大岭图》是《富春山居图》的姊妹篇。黄公望把他对自然的挚爱深深寄托于画面，在客观的自然景象中加入主观的创造。写实从来不是中国绘画追求的目标，中国山水画是以状物和象征的手法来表达某种情结和精神。平淡天真正是黄公望绘画最主要的特点，也是中国文人向往的最高境界。

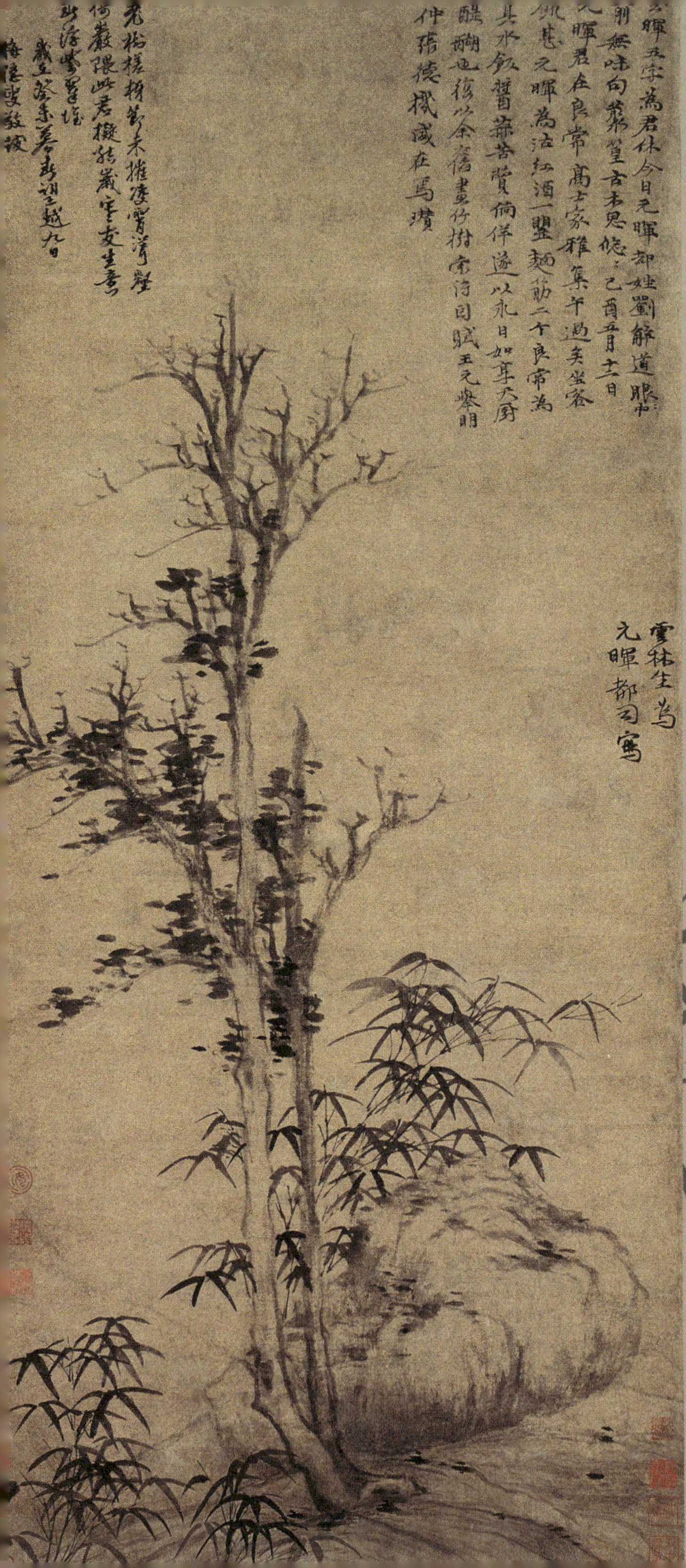

一尘不染古木林

倪瓒《丛篁古木图》

元代

倪瓒，画家、诗人，擅山水墨竹，师法董源，“元四家”之一。

国画讲究留白，而留白的技巧被倪瓒运用出无限可能。此图树木只有一株两杈，且画中背景虚空，完全不着笔墨，反倒如旷野荒郊，天高云淡，成为一种妙境。

倪瓒以洗练留白的笔法象征自己的高洁和对人生的追求，这绝非后天训练，而是天性使然。他的祖父富甲一方，父亲早丧，由大哥抚养，生活极为舒适，保持了孩童般纯粹、干净的天性。不过，天性走向极端，也会成为怪癖——倪瓒有非常严重的洁癖，他认为颜色用多了是对画面的污染，这种洁癖甚至影响了倪瓒的生活。

有次家中来客，倪瓒命仆人去挑水泡茶。水桶在担子上，一前一后，他用前桶水煎茶，后桶水洗脚。朋友不解，追问原因。倪瓒反问：后桶水挨着屁股，万一放屁被熏臭了，怎么能泡茶？

倪瓒极为傲世，一生清高，不问政治。或许正是他的这种性情和洁癖，才成就了那画面中的空灵吧。

何须留名在世间

沈周《东庄图》

明代

沈周，江苏苏州人，明代绘画大师，吴门画派创始人，书法家，文学家，医学家，与文徵明、唐寅、仇英并称“明四家”。“东庄”是沈周好友吴宽的庄园，也是明代最富名望的园林之一。沈周应好友吴宽之邀，绘制《东庄图》，深受东庄“水木清辉”的感染，倾心绘写，依观览路径，移步换景。

此图虽以实景为基础，但并非仅是临摹，全图妙处便是融合了作者的情感，画出了一片悠然自得的精神乐土。这是艺术重构，也体现沈周对理想文人生活的追求。

沈周出身于书画世家，一生读书，吟诗作画，悠游林泉，追求自由，终生不仕，恪守着隐逸人格的纯粹性。而吴宽则以其敏锐的才思和广博的学识，积极入世，追求“修身、齐家、治国、平天下”的功名事业。两人志向和身份迥然不同，但这件作品见证了他们之间的友谊和对隐逸生活的共同向往。

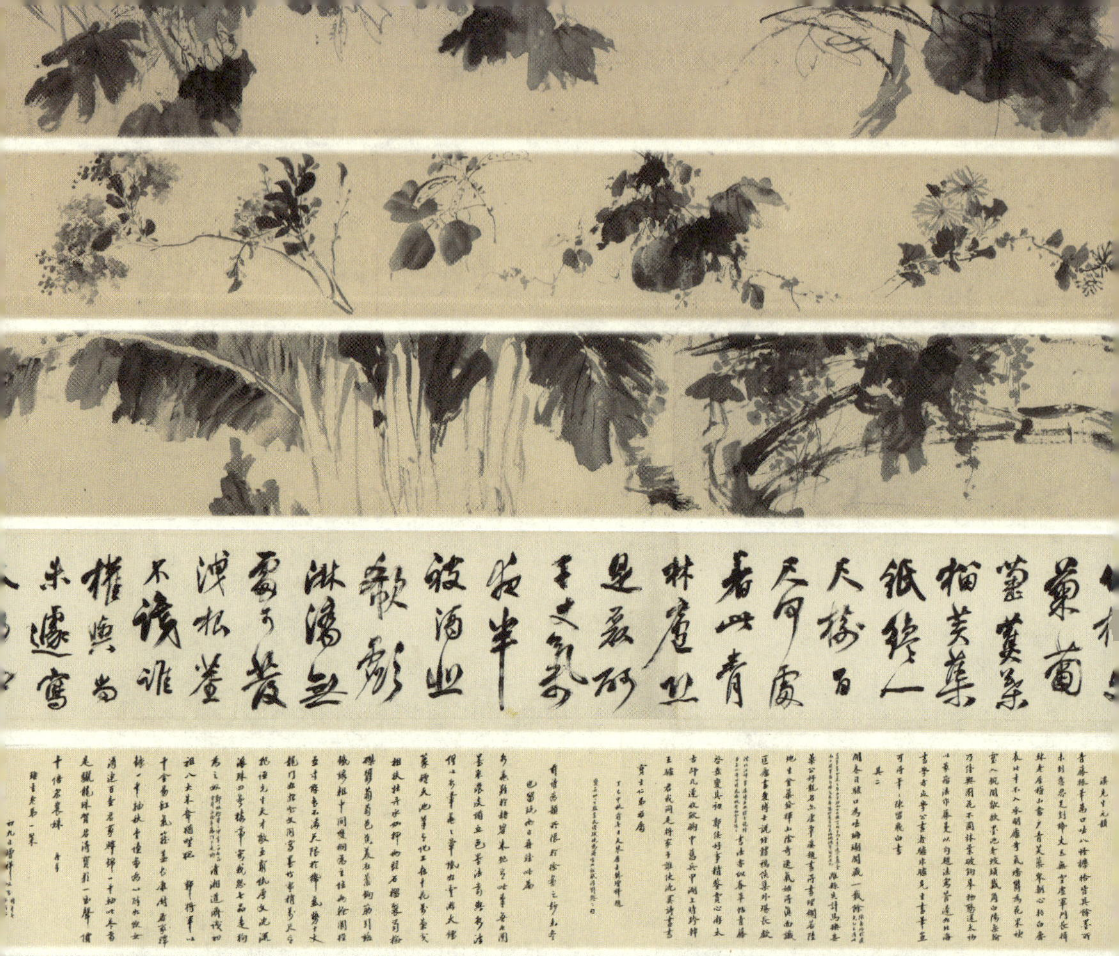

《杂花图》是徐渭的巅峰之作，也是南京博物院 18 件镇院之宝中唯一一件书画作品。

徐渭，浙江绍兴人，号青藤老人、青藤道人，是“泼墨大写意画派”创始人、“青藤画派”的鼻祖。

他 20 岁中秀才，考了八次举人，直到 41 岁始终未中。徐渭非常抓狂，自杀 9 次，还发病杀死了妻子，因而入狱。然而，徐渭在艺术上极具天赋，

《杂花图》是徐渭的巅峰之作，也是南京博物院 18 件镇院之宝中唯一一件书画作品。

徐渭，浙江绍兴人，号青藤老人、青藤道人，是“泼墨大写意画派”创始人、“青藤画派”的鼻祖。

他 20 岁中秀才，考了八次举人，直到 41 岁始终未中。徐渭非常抓狂，自杀 9 次，还发病杀死了妻子，因而入狱。然而，徐渭在艺术上极具天赋，

墨涌痴狂余香冷

徐渭《杂花图》

明代

推荐星级：★★★☆☆

他精草书、擅诗文、通戏曲，是中国写意花鸟画的集大成者。其后的清代“扬州八怪”和现代齐白石等无不受其影响。

跌宕起伏的一生造就了徐渭绘画艺术的独有风格。此图以草入画，用笔恣纵率意，用墨酣畅淋漓。放眼望去，尽管一花一木互不搭界，而虚实相间，灵动放逸，予人一气相贯之感，无愧于“天下第一徐青藤”之美誉。

半醉半醒皆风流

唐寅《李端端落籍图》

明代

推荐星级：★★★☆☆

唐寅，江苏苏州人，字伯虎，号六如居士，明朝著名画家、书法家、诗人，“明四家”之一。

该画是唐寅仕女画的代表作。描绘的是唐代诗人崔涯与艺伎李端端相会的情形。

唐寅一生坎坷，但自幼聪慧，过目不忘，在绘画方面显示出超人的才华，并得到沈周这样的名师指导。29 岁时参加乡试考举人，得第一名解元，名声大噪。然而第二年，因牵涉科场舞弊案，被罢官为吏。自此唐寅灰心仕途，终日诗酒。唐寅的诗歌一向充满着花、酒等潇洒的意象，多为伤世之作，不拘成法，反倒情真意挚。诗中可见唐寅内心对世态炎凉的感慨和傲岸不平之气，自刻一章“江南第一风流才子”。

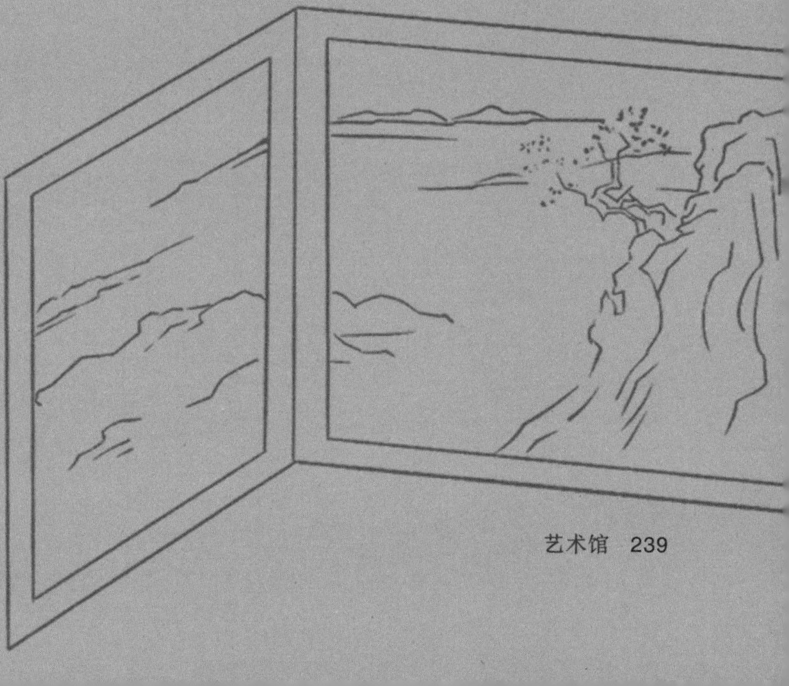

得道之人非等闲

仇英《松溪横笛图》

明代

仇英，字实父，号十洲，原籍江苏太仓，后移居苏州，明代画家，是“明四家”中最年轻的一位。师法南宋院体，他的拿手戏是青绿山水，以工细雅秀取胜。

仇英出生于太仓一个贫寒家庭，幼年失学却酷爱画画，早年是涂漆匠，为房屋绘制装饰画。十七八岁时，他独自到苏州城，一边继续当漆匠，一边学画。他的创作态度十分认真专注，扎实的基本功，让他在技巧上获得了他人难以企及的境界。后人评价说，画青绿山水的画家不少，但多数只有精工，而无雅气，直到五百年后，才出现一个仇英。

《松溪横笛图》的画面工整严谨，无一懈笔。画面为一处静美的深山幽谷，明月高悬，独笛泛舟，老酒一壶，一派超然自得、与世无争的情怀跃然纸上。

太常仿黃子久
甲辰九月
含素以佳繭見贈
寫此奉荅
王時敏
王鑑題

青山绿水寄童心

王时敏《答菊图》

清代

推荐星级：★★★☆☆

王时敏，江苏太仓人，明末清初画家，大学士王锡爵之孙，翰林编修王衡之子，清初“四王”第一代人。

王时敏虽出身官宦世家，却淡于仕途，更喜笔墨。崇祯五年王时敏称病辞官，隐居西田，潜心研究绘画，以黄公望、倪瓒为宗，并得晚明董其昌亲授，工书法，善画山水，传统绘画功力深湛。他主张恢复古法，但“复古”而“变古”，即在充分消化吸收古人笔墨技法基础上进行再创造，是清初画坛“娄东画派”的领袖。

这件作品是王时敏为答谢“含素以佳菊相赠”而作的山水画，图中山峦叠嶂，小桥流水，云腾雾绕，山势如游龙，一直向纵深高远之处延伸而去。布局稳中有变，呈现出温厚而博大的气象之美。

气韵在胸绘山川

王翚《山堂文会图》

清代

推荐星级：★★★☆☆

王翚，江苏常熟人，清初画家。祖上五世均善画，他与王鉴、王时敏、王原祁合称清初“四王”。

王翚自幼受家庭影响，喜爱绘画，专摹元代黄公望的山水画。后得到王时敏等人的提携和栽培，画艺精进，声名鹊起，号称“集宋元之大成”。他主张以“元人笔墨，运宋人丘壑（hè），而泽以唐人气韵”，于不惑之年成为一代大家，极负盛名。

此图画幅巨大，景物众多，画法复杂，严谨不失生动，设色清丽而不浓艳，和一般的“胭脂俗粉”不同，美得很有灵魂。

朱耷（dā）《水木清华图》

清代

朱耷，号八大山人，江西南昌人。明末清初画家，中国画一代宗师，与弘仁、石涛、髡（kūn）残并称清初“四画僧”。

朱耷是明太祖朱元璋的十世孙，明亡后隐姓埋名，先削发为僧，后潜居山野，改信道教。

朱耷从小受到父辈的艺术陶冶，加上聪明好学，8 岁能诗，11 岁能画山水。他的大写意花鸟画受徐渭影响，以简洁孤冷的画风，自成一代宗师。

他充分利用生宣纸特性，以加强艺术表现力。生宣纸吸水性强，墨汁扩散本来是缺点，朱耷却巧妙地利用这一特性，创造性地开辟了水墨写意画的新道路。

朱耷爱画荷花，此图秉承他一贯画风，构图奇险，呈大开大合之势。画面中叶片泼墨写意，荷花轻柔婉转，危石倒悬，略加勾皴，韵味天成。图中大面积留白，似虚非空，若水，若气，有雾，有灵。

墨点无多泪点多

髡（kūn）残《苍翠凌天图》

清代

髡残，本姓刘，出家为僧后名髡残，号石溪，湖南常德人，清代画家，与石涛合称“二石”，清初“四画僧”之一。

髡残自幼好画，20 岁削发为僧，云游名山。30 多岁时明朝灭亡，抗清失败后避难于常德桃花源。髡残一生大部分时间都在山间度过，这给了他和大自然亲近的绝好机会，因此他对自然有着深刻观察和领会。

髡残的山水画主要继承“元四家”传统——在平中求奇，富于变化。1654 年，他 43 岁时云游到南京，定居大报恩寺，安定的生活让他进入创作的高峰期。此图表现的正是他晚年居住在南京城郊的自然景色，作品笔墨雄劲浑莽，沉稳高古，富有禅意。

禅心无语洒山河

历代书法馆

从殷商甲骨到汉唐墓志碑帖，以至明清简帛遗墨，南京博物院拥有丰富而完整的古代书法文物，其中尤以明清书法体例完整、脉络清晰，明代吴门书派、华亭派，清代帖学、碑学等书法流派的作品均为精品佳作。

今世早夭待长生

元显儁（jùn）墓志

北魏

河南洛阳出土

推荐星级：★★★★☆

墓志铭一般由志和铭两部分组成。志多用散文撰（zhuàn）写，叙述逝者生平事；铭则多用韵文，是对逝者的悼念和赞颂。

这个墓志刻于公元513年农历二月，于1917年在河南洛阳出土。墓主元显儁是北魏景穆皇帝的曾孙，曾任镇北将军、冀州刺史。可惜薄命，15岁便夭折。墓志中这句“痛春兰之早折，伤琴书之永穸（xī）”，寄托了家人对这个早殇皇族少年无限的哀思。

该墓志取材石灰石，整体呈龟形，分上下两层，上层龟壳为“志盖”，刻有标题，下层为“志底”，刻有墓志铭。志盖和志底正好为一个生动、完整的石龟。龟是长寿的象征，把墓志制成龟形是祈求墓主灵魂永生。

北魏推行“汉化”，孝文帝改“拓跋氏”为“元氏”，因此北魏皇氏墓志又称“元氏墓志”。由于皇族崇尚，不少名家都参与书写和雕刻。该墓志笔法秀润严整，刻文雄伟刚健，为北朝楷书代表作和中国书法美学中“壮美”的典型。

西天取经藏沙洞

《大般若波罗蜜多经》卷 561

唐代

推荐星级：★★★★☆

此卷经书来源敦煌遗书。

《大般若波罗蜜多经》是佛教经典，简称《般若经》。主要论述大乘般若空宗理论，篇幅巨大，总 600 卷。原为梵文，唐朝时由玄奘译为汉文，此经卷以楷书写就，共 17 纸，465 行。首尾均全，有护首、天竿、尾轴等，基本保存了我国古代卷轴的完整形态。护首上写有“圣”字，为该经卷所属敦煌寺院圣光寺的简称。在敦煌遗书中，完整且题有原藏寺名的经卷极少，甚为珍贵。

敦煌遗书，又称敦煌文献、敦煌文书、敦煌写本，是对 1900 年发现于敦煌莫高窟 17 号洞窟中的一批书籍的总称，指敦煌所出 4~11 世纪的古写本及印本。

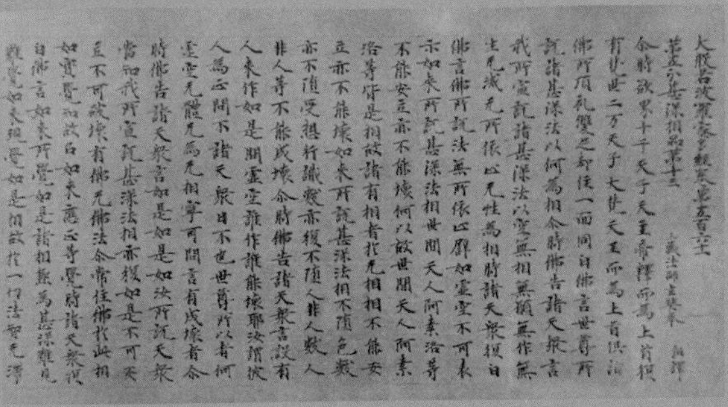

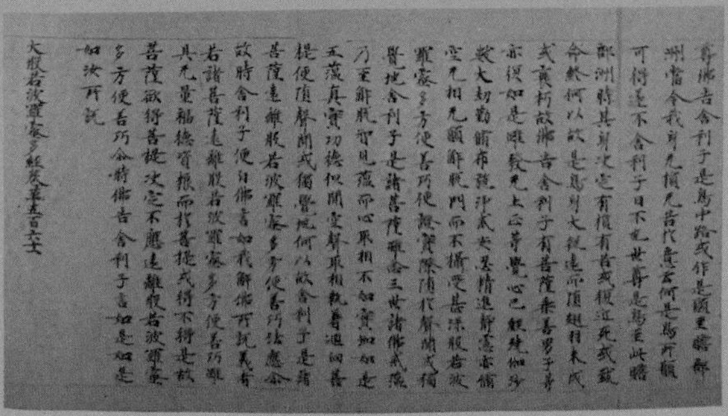

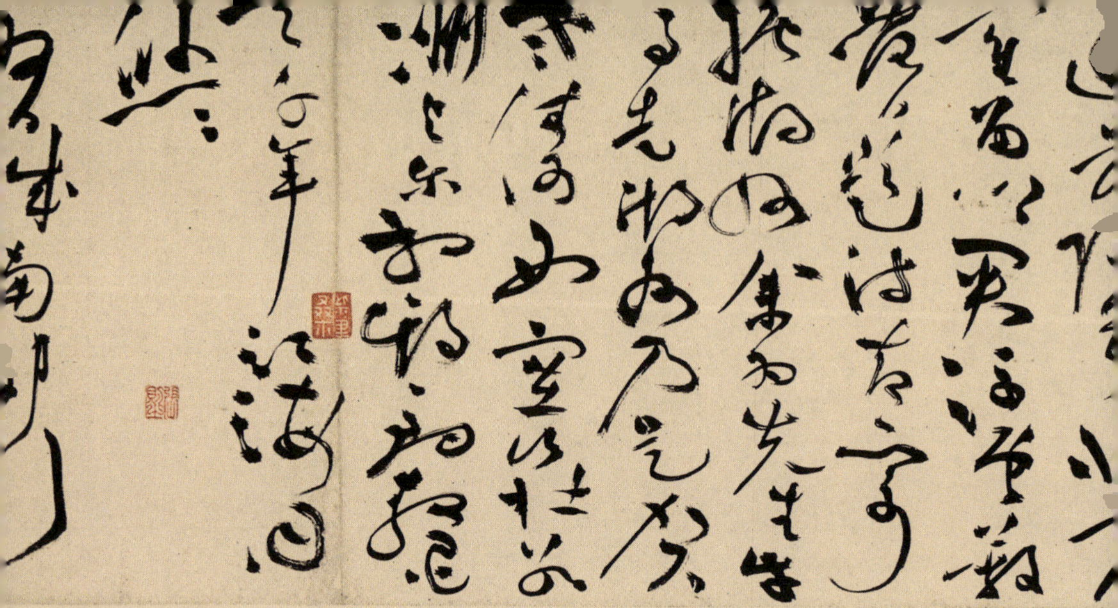

狂放如草漫成花

祝允明《自书诗》

明代

祝允明，江苏吴县人，因长相奇特，而自嘲丑陋，又因右手有枝生手指，故自号枝山，明代著名书法家。

祝允明擅诗文，尤工书法，楷书精谨，以草书最为著名，与唐寅等并称“江南四大才子”。这篇《自书诗》全卷用笔老辣而直率，结体飞舞而多姿，风格烂漫，既得古雅之气，又具恣肆之神。

祝枝山与唐伯虎性格豪放，性情相投，是莫逆之交，二人经常往来，上门不必通报，临别无须相送。二人同样不满于官场的黑暗，爱游山玩水，时常拎一酒壶，随船漂流，边赏景边饮酒创作，唐伯虎作画，祝枝山便题字。久而久之，“唐画祝字”的说法也渐渐在世间流传起来。

坐久不知香在室

文徵（zhēng）明《前后赤壁赋》

明代

推荐星级：★★★★☆

文徵明，江苏苏州人，号衡山居士，世称“文衡山”，明代画家、书法家、文学家、鉴藏家，“明四家”之一。

文徵明诗、文、书、画无一不精，人称“四绝”，也是“江南四大才子”之一。这篇《前后赤壁赋》为其81岁时作品，以小楷写就。

文徵明54岁时受荐到京城翰林院任职。因负盛名，受同僚嫉妒和排挤，文徵明请辞回家。57岁的文徵明放舟南下，回苏州定居，从此不求仕途，专攻书画。

文徵明人品高洁，与人为善。“明四家”中的仇英就是在文徵明的帮助下得以在苏州拜师学艺。不仅如此，文徵明知道仇英以画为生，但书法欠佳，为了帮他卖个好价钱，每次都欣然为仇英书题作跋。一些假冒文徵明的画作，他也一概说真，甚至还帮人盖上自己的印章。或许正是因为文徵明的豁达和善良，他是“江南四大才子”中最长寿的一位，享年91岁。

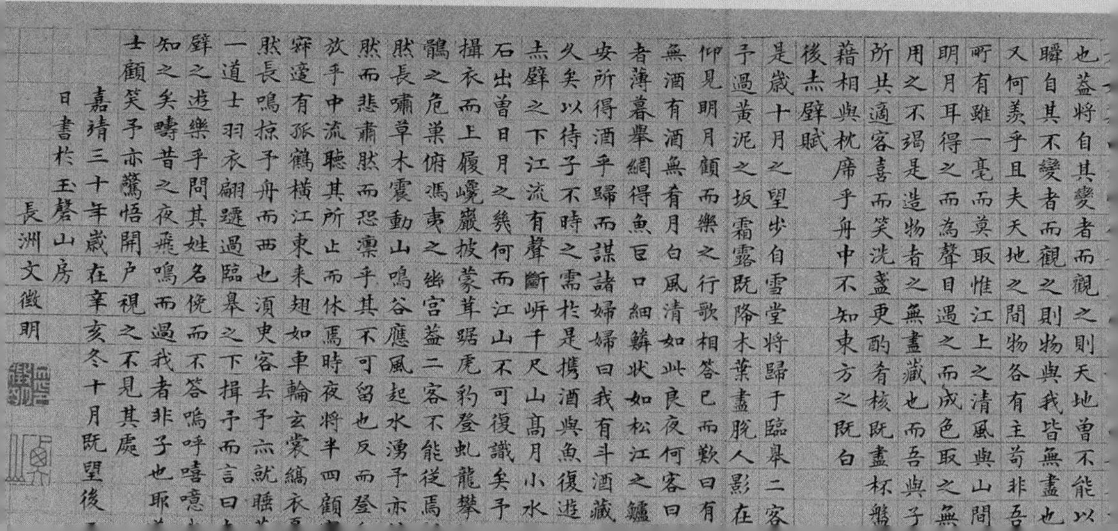

飘逸空灵风华足

董其昌《真草千字文》

明代

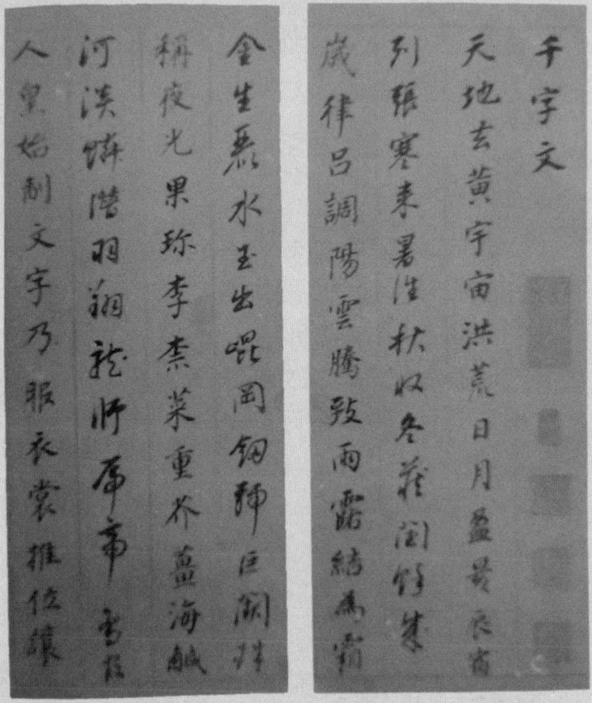

董其昌，松江（今属上海）人，明朝后期大臣、书画家，擅山水画，师董源、巨然、黄公望等人，一生创作的书画作品不可胜数。同时，他在书画理论方面对明末清初画坛影响巨大。

董其昌作画常以古人为师，画作上有大量“仿某某”“拟某某”字样。他广泛吸取唐宋元诸家优长，使其书画取得了超越古人的艺术成就。

他的书法对后世影响很大，以行草书造诣最高，对自己的小楷也相当自负。他的书法综合了晋、唐、宋、元各家的书风，自成一体。他的《千字文》采用真（楷）草交替、连续书写的方式一气呵成，是其存世不多的上乘之作。

董其昌以自己的理论和书画成就，为那个时代的艺术发展指明了方向，对后世影响深远。

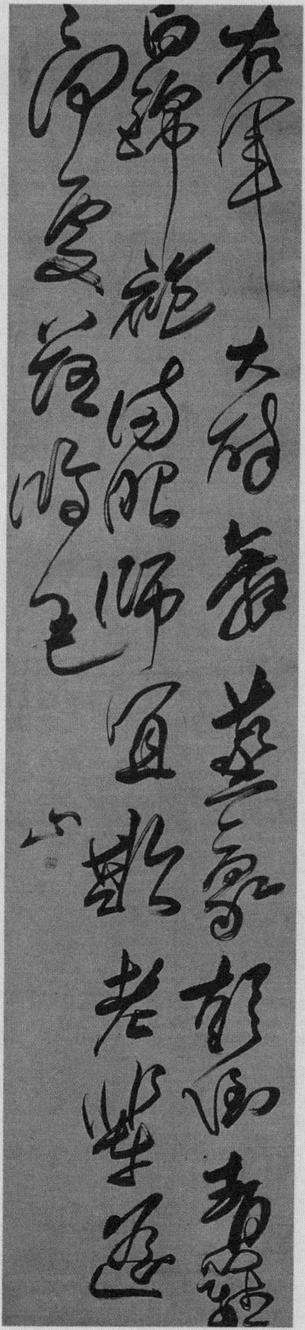

国书难著苟逃命

傅山《右军大醉诗》

明末清初

傅山，山西太原人，明清时期道家思想家、书法家、医学家，几乎无所不通。

《右军大醉诗》是他晚年最具代表性的大草作品，通过大笔浓墨、纵横牵绕，让书作的气势，一贯而下，有横扫千军之势，从中可感受到傅山狂草的性情和气魄。

17 世纪中叶，改朝换代，中国持续了近半个世纪的战乱。乱世出豪杰，艺术也如此，傅山是其中一位。他提出“宁拙毋巧，宁丑毋媚，宁支离毋轻滑，宁真率毋安排”的“四宁四毋”书学理论，引领了草书艺术的纵深发展，一直影响到现在。

傅山家族自明初世代为官。明亡后，他写下“哭国书难著，依亲命苟逃”的悲痛诗句。从此入山为道，身披朱衣，自称朱衣道人，以行医做掩护，私下反清复明。可惜，至死未能如愿。下葬时，他仍穿一身朱衣。

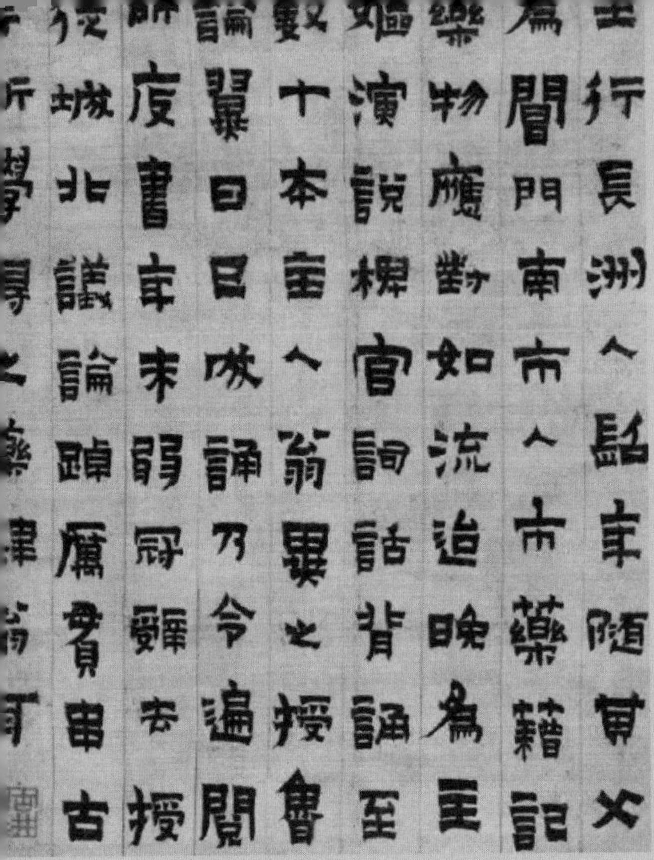

大直大巧若屈拙

金农《盛仲交小传》

清代

金农，浙江杭州人，清代书画家，“扬州八怪”之首；因历经康熙、雍正、乾隆三朝，自封“三朝老民”。

金农有深厚的书法根底，在诗、书、画、印以及琴曲、鉴赏收藏方面都是大家，特别是他的书法，自创“漆书”，惊世骇俗 。

所谓漆书，就是改圆转为方折，字形棱角分明，横粗竖细，墨浓似漆，像用漆笔写出，融汉隶和魏楷于一体，极富古拙趣味。

《盛仲交小传》墨色淳古，用笔古朴，字形忽长忽扁，忽大忽小，古朴生拙又时露灵秀。行距疏朗分明，字形大小长短不一，不太规律而横生妙趣。

“扬州八怪”是清康熙中期至乾隆末年活跃于扬州地区的一批风格相近的书画家总称。

错落有致乱石街

郑燮（xiè）《李商隐诗三首》

清代

郑燮，江苏兴化人，号板桥，人称郑板桥。他是康熙秀才，雍正十年举人，乾隆元年进士，做过山东潍县的县令，是清代书画家、文学家，“扬州八怪”代表人物。

人们常说郑板桥诗书画三绝。他的画比诗绝，书又比画绝。他的书法最被称道的是“六分半书”，是他对自己独创性书法的一种谐谑（xuè）称谓，后人称为“板桥体”。板桥体是在一种名为“汉八分”的隶书中，杂入楷、行、篆、草等别的书体，字形刚里带柔、清新奇特，非隶非楷，非古非今。

他的书法作品单个字体看歪歪扭扭的，总体却错落有致，别有韵味。他能将大小、长短、方圆、肥瘦、疏密错落穿插，如“乱石铺街”，看似随性，实则有一种跳跃灵动的节奏感。都说字如其人，那桀骜（jié ào）不驯（xùn）的“叛逆”书体，正是郑板桥个性的写照。

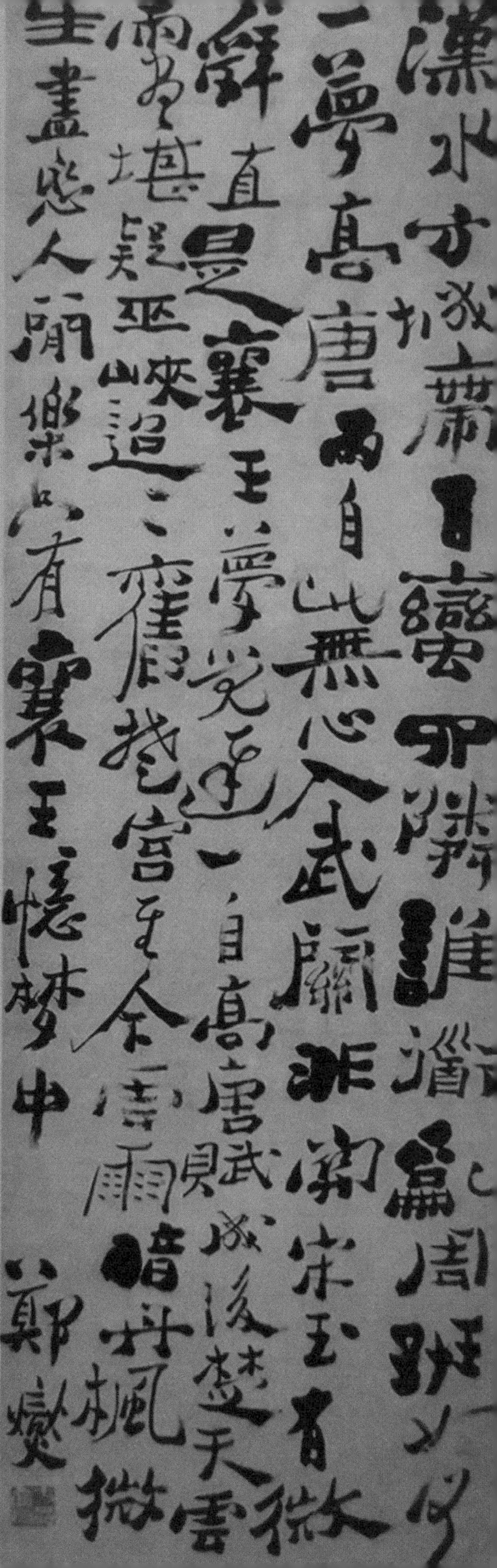

雕塑是世界上最古老、最重要的艺术种类之一。南京博物院收藏的雕塑作品数量可观，历代雕塑陈列即挑选其中的艺术珍品做集中展示，它们多为佚名的匠师所造，却展现出精湛的技艺和强烈的艺术感染力，帮助广大观众领略古代生活的情趣，感受古朴典雅之美的陶冶。

历代雕塑馆

虎啸山野魂安宁

虎纹花土

商代

河南安阳殷墟遗址出土

这块虎纹花土是殷墟王陵大墓椁（guǒ）顶上封土的装饰遗迹。

虎是百兽之王，被先民奉为“山神”，也是崇拜的图腾。这件虎纹花土虎身有一米多长，虎呈张口、折足，卷尾状，虎身轮廓以粗壮凸起的勾连纹构成，空隙处填以细密的云雷纹，表面施以朱红色，另有蚌片镶嵌，线条均衡整齐，遒劲有力，构图抽象肆张，反映了商代晚期墓葬装饰图案的典型特点。

古树摇钱不为财

陶塑佛像摇钱树插座

东汉

四川彭山东汉墓出土

摇钱树是我国东汉时期较为流行的一种陪葬品，因器物上装饰大量方孔圆钱而被学术界命名为“摇钱树”。

摇钱树分上下两部分，上部是青铜树，下部是陶制或者石雕的基座，此陶塑佛像插座正是摇钱树的基座。底座上部浮雕一佛像，左右有两胁侍菩萨；下部塑有青龙、白虎衔壁纹具有汉代古朴简练的艺术风格。此件文物为早期佛教传入中国后，中外文化交流的代表性作品。

傅抱石艺术馆

傅抱石（1904~1965），20 世纪中国最杰出的美术理论家和画家之一，倡导“笔墨当随时代”的艺术原则，开辟了中国画创作的新时代。南京博物院收藏了数百件傅抱石家属捐赠的傅抱石写生画稿、著述手稿、自用印章等，特别设立了“傅抱石艺术馆”，用以集中展示傅抱石绘画、篆刻及学术成果，彰显其卓越的艺术成就，也以此怀念先贤，激励后进，弘扬傅氏家属的公益精神。

镜中神游飘欲仙

傅抱石《山阴道上图》

1947 年

山阴道在会稽城西南郊外，浙江绍兴一带。“山阴道上”最早出自《世说新语》，说此处山川相映，云蒸霞蔚，目不暇接。从此，山阴道上便成为优美风景的代名词。怪不得王羲之在《镜湖诗》中也赞叹道：“山阴路上行，如在镜中游。”

傅抱石对魏晋人物情有独钟，多次画过《山阴道上图》。此作不画背景，主体是四位顾盼回首的高士，皆宽袍大袖，衣褶处用笔随意挥洒，狂放自由，飘带又似随风而起，意态悠然，有种飘然欲仙的气韵，为其成熟期人物画的代表作之一。

风飒飒兮木萧萧

傅抱石《山鬼》

1946 年

傅抱石画过多幅以“山鬼”为题材的作品，南京博物院收藏的这幅是他的得意之作。作画一个月后，他补题自叹：“余所写，此为较惬（qiè），岂真有鬼耶？”画中山鬼略施淡彩，散发随风飘摇，顾盼回望，迷离、哀怨的眼神中难掩失落之情；画中雷雨潇潇，风声瑟瑟，阴森、幽冥（míng）之感呼之欲出。

山鬼是屈原《九歌》中的女神，未嫁而死，葬于巫山，成为巫山之神。此诗是祭歌，叙述的是一位多情的山鬼，等待心上人的故事，描绘了一个瑰丽而又离奇的神鬼形象。

傅抱石早年在日本留学时，专门拜访了流亡日本的郭沫若，二人建立了亦师亦友的深厚友谊，傅抱石的很多作品是以郭沫若的历史研究为基础创作的。

1942 年出于时局需要，郭沫若创作了五幕历史剧《屈原》，成为抵抗日本侵略的风云之作。傅抱石也深受感染，于是挥毫创作了很多和屈原有关的作品，《山鬼》是其中之一。

陈之佛（1896~1962），是 20 世纪中国最为杰出的美术家之一，中国现代工艺美术和工笔花鸟绘画的先驱和导师。陈之佛曾任教于多所艺术院校，培育了不少专业优秀的艺术人才，对中国的工艺设计教育具有重大的贡献。南京博物院收藏了陈之佛家属捐赠的陈之佛绘画作品 90 余件、粉本数百件，特别设立了“陈之佛艺术馆”，专门用来陈列陈之佛的艺术作品，展示其艺术成就。

陈之佛艺术馆

艳而不俗华不浮

陈之佛《玉兰赤鹦》

1942 年

早春时节，白色的玉兰花朵朵灿开，一只艳红色的鹦鹉停靠在横出的细枝上憩息……画面整体为暖色调，采用浅米色做底，与白色的玉兰花和浅粉色的碧桃搭配，柔和温馨。而右侧一只朱砂色的鹦鹉与周围颜色形成强烈对比，凸显了主题。

陈之佛注重色彩，艳而不俗，华而不浮，这种明净清雅的美学风格源于其早年在日本求学的经历。1919 年至 1923 年，陈之佛留学于日本东京美术学校，学习日本极具视觉性的平面绘画。

自奈良时代起，日本就开始学习和吸收唐代绘画和水墨艺术，“汉风”一直占主流地位。明治维新后，日本绘画逐渐转向西方明艳色彩的风格，中西结合形成的那种色彩感和图案式风格是日本艺术最显著的特色，陈之佛正是将这一特点运用到了自己的创作之中。

一九五六年春三月陈之佛

尚真非真把神传

陈之佛《荔枝绶（shòu）带》

1956 年

中国画取型于自然，其中以工笔花鸟最重写生，北宋初期就已经奠定了“状物”的创作观念，“尚真传神”成为其精髓。“真”绝不仅是简单临摹，而是要得其神。陈之佛十分注重写生传统，不仅能准确地捕捉花、鸟的结构特征，更能深入提炼精髓，这一特色与他长年从事图案学的研究有关。

1923 年，陈之佛归国后从事工艺美术教育事业，他在六朝古都的南京欣赏到了许多艺术珍品，最让他心驰神往的是工笔花鸟，从此图案工艺与工笔花鸟画的结合孕育出了自己的绘画风格。

陈之佛在造型上删繁就简，取其精华，使形象单纯化，且线条的勾勒和排列十分规则有序，这种略为机械的表达，正是图案学平面化设计的要求。此图中绶带的羽毛像流水线一样整齐排布，加强了视觉趣味。

苏天赐（1922~2006），20 世纪中国杰出油画家、美术教育家，毕生致力于油画教学、创作与研究，创造了具有中国文化精神和东方艺术神韵的意象性油画，为中国油画的发展，特别是油画的民族化发展作出了特殊的贡献。

苏天赐一生秉承为社会奉献艺术的信念，生前曾表示自己的艺术作品归于国家和人民。他的家属将其各个时期的油画代表作捐献给国家，由南京博物院永久珍藏。南京博物院特设“苏天赐油画馆”，向公众展示其富于东方意境和中国精神的油画艺术。

苏天赐油画馆

桃花深处浅梳妆

苏天赐《桃林》

1985 年

说到桃林，也许我们会想到《桃花源记》中“忽逢桃花林，夹岸数百步，中无杂树，芳草鲜美，落英缤纷”的诗句；或者，会想到元稹的“桃花浅深处，似匀深浅妆”的诗句。

这幅油画表现的是春天的江南，颜色深深浅浅，气韵浑然弥漫，桃花融融，山峦起伏，一片如诗如梦的境界。在苏天赐的作品中可以感受到他与自然的对话。其描绘对象多取材于江南的自然景物，创作语言清新，色彩明快，形成了自己独特的美学意象。

心有欢喜笔生华

苏天赐《湖边秋意》

1978年

苏天赐《银杏林》

1981 年

“我站在画布面前信笔涂鸦。人老了，好像又回到了童年。只是，当年我想揽尽人间春色，现在我只想约会大自然的魂魄。

“我受惠于大自然的太多，对她，我永远珍藏着感激……

“大自然把大门拉开，展示她斑斓的胸怀，滋润我的感官直到血液中的点点滴滴，使之与生命同增，与心灵同在。我很庆幸此事能从我幼小的时候开始，她促使我学会了绘画，我从中获得一种纯粹的快乐，它单纯而质朴，足以让我享受终生。”

上面的话是苏天赐在《我站在画布面前》一文中的随兴之笔。

一个出色的画家，一生对大自然充满热爱与感激，有单纯和质朴，那么，他的笔下便都是明亮、快乐，都是爱。心灵中流淌出来的这些情感又再次感染了所有看到这些油画的人们。

数字馆

南京博物院数字馆由实体展馆和网络虚拟馆构成，两者互为补充，以江苏为例，共同表现中国古代文明。

实体馆约 1200 平方米，用抽象概念辅以历史事实的表现方式，集合分列式多屏幕、透明屏、二维码等多媒体形式，运用实时抠像、动作捕捉等数字技术，将空间、装饰、媒体硬件及数字内容结合起来，营造立体丰富的展示环境，引导观众沿着流线移步换景。

网络虚拟馆通过网络和图像识别技术复原实体展馆的空间和内容，是实体展馆的延伸。

数字馆平面示意图

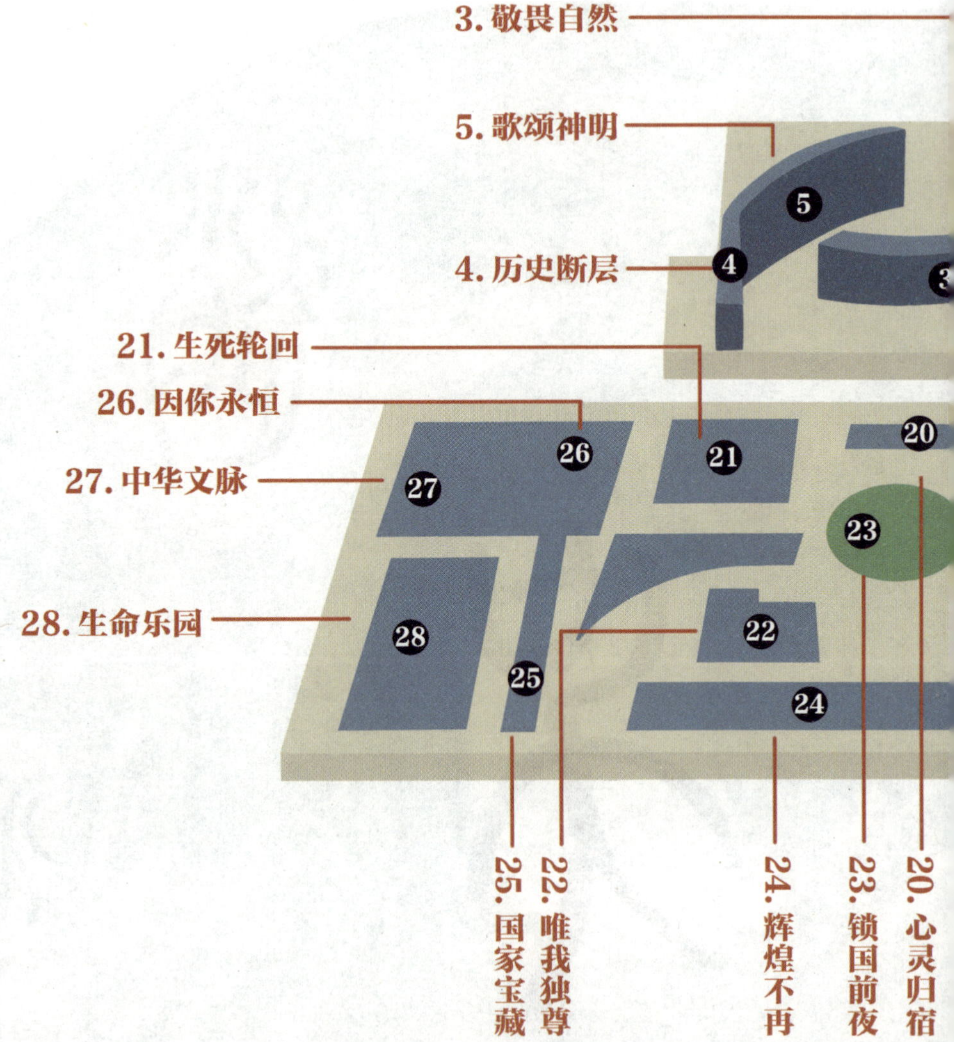

3. 敬畏自然
5. 歌颂神明
4. 历史断层
21. 生死轮回
26. 因你永恒
27. 中华文脉
28. 生命乐园
25. 国家宝藏
22. 唯我独尊
24. 辉煌不再
23. 锁国前夜
20. 心灵归宿
5
4
3
20
26
21
27
23
28
22
25
24

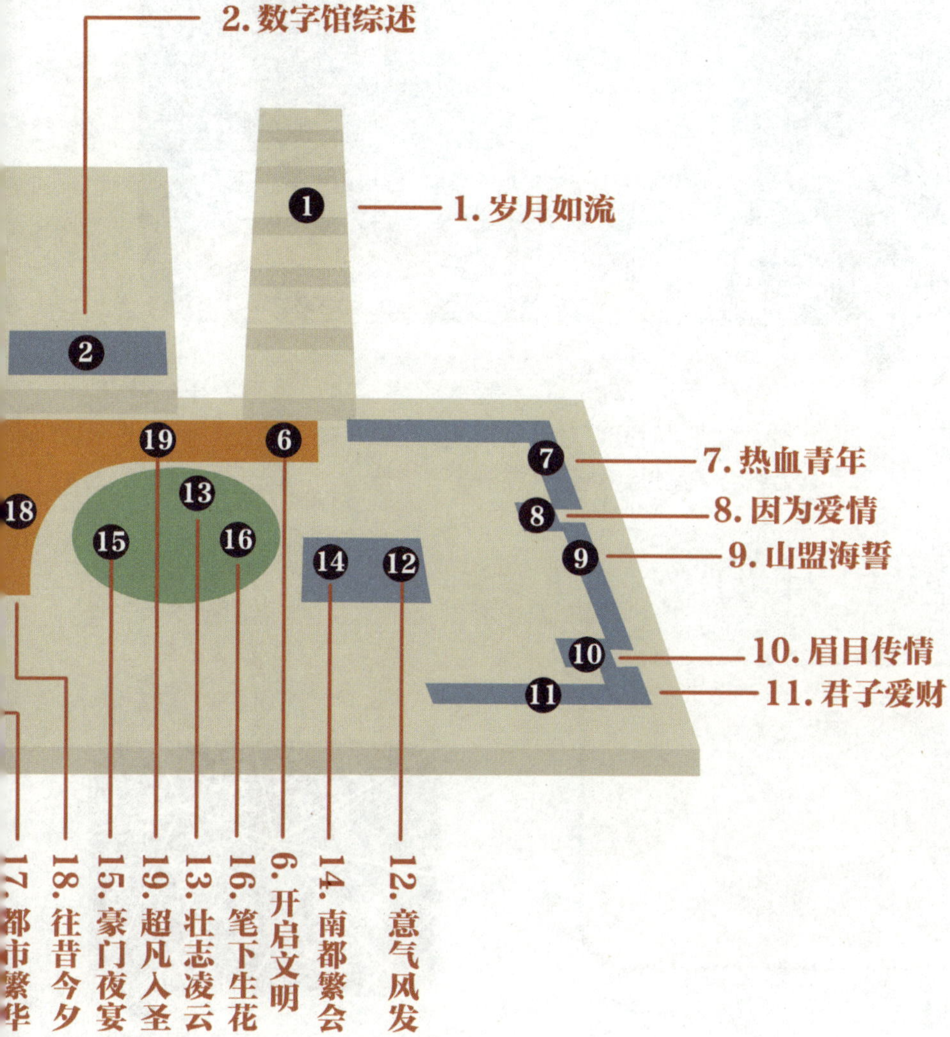
2. 数字馆综述
1. 岁月如流
7. 热血青年
8. 因为爱情
9. 山盟海誓
10. 眉目传情
11. 君子爱财
17. 都市繁华
18. 往昔今夕
15. 豪门夜宴
19. 超凡入圣
13. 壮志凌云
16. 笔下生花
6. 开启文明
14. 南都繁会
12. 意气风发

序厅

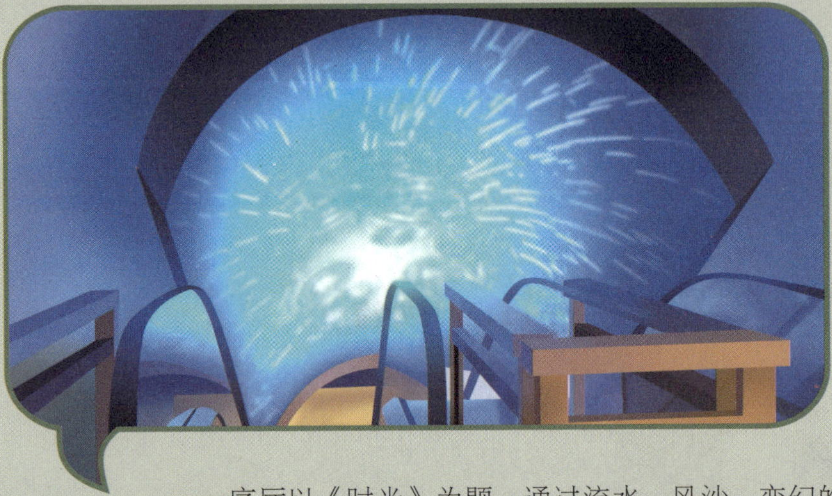

序厅以《时光》为题，通过流水、风沙、变幻的星空，体现“时间”对人类文明的独特作用，营造时间飞逝，万物沧桑的情境感。

萌动与发轫

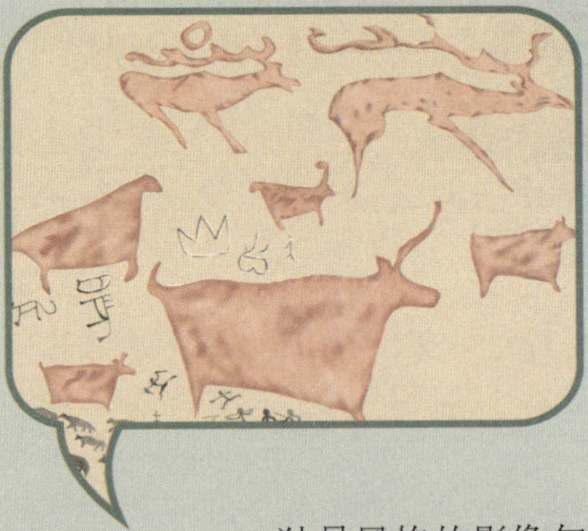

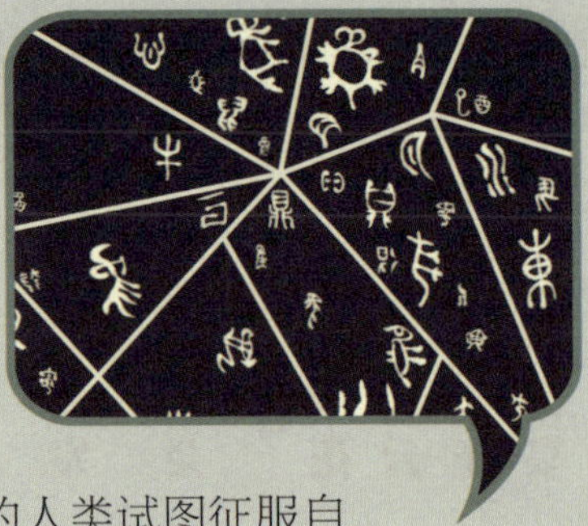

独具风格的影像勾勒出初生的人类试图征服自然时表现出的勇气与“傻气”。

进取与成长

用历史故事表现“热血青年”“因为爱情”“君子爱财”“意气风发”等人生路上的喜怒哀乐，体现中华文明的快速发展。

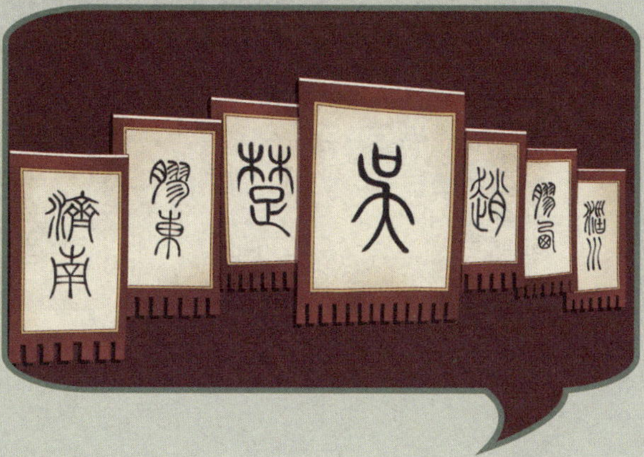

扩张与融合

用C形巨幕影片，以战争、帝国故事表现人类进步过程中的豪迈激越、坚韧不拔以及全盛时期的声色犬马、宗教宣扬。

封闭与开放

截取闭关锁国、鸦片战争、文明丝路中的历史片段，表现中华文明从开拓进取逐渐转向内敛、保守、故步自封的心态。

生命因你永恒

在初生、发展、强盛、衰落这一螺旋式渐进的历史进程中，文化和民族产生了融合，政治制度、科学技术和文化艺术也在不断成熟、进步，文明向更加美好和睿智的方向前进。

民国馆

民国馆用城市历史景观再现的手法，以街景展示的形式浓缩了民国时期社会中上阶层生活状况的繁华景象，通过建筑场景的真实还原，辅以声、光、电等技术模拟再现，营造历史的氛围。

将传统作坊、现代公众服务机构以实体店的形式融于其中，游客身临其境，可赏、可游、可互动，在流年碎影中体会别样风情。

在这片历史的天空下，让我们循着老南京的街巷，走到记忆的深处……

民国馆平面示意图

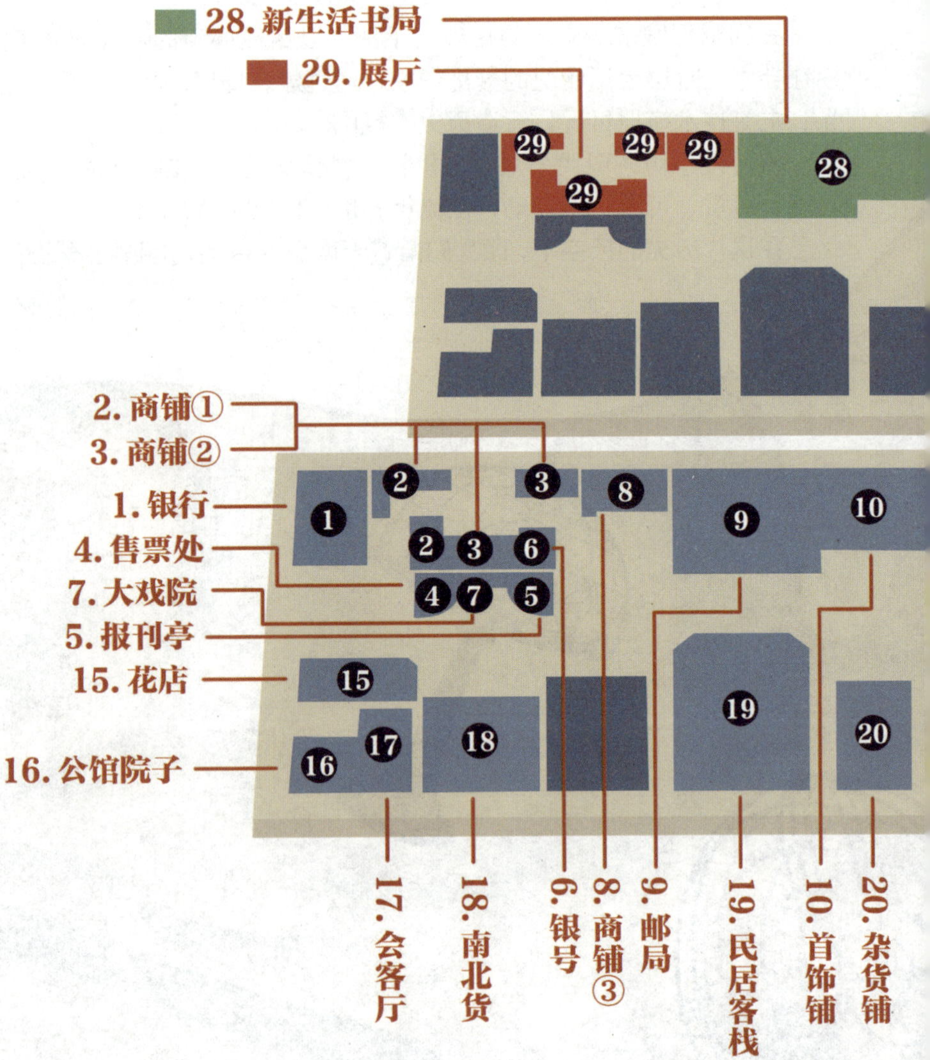

28. 新生活书局
29. 展厅
2. 商铺①
3. 商铺②
1. 银行
4. 售票处
7. 大戏院
5. 报刊亭
15. 花店
16. 公馆院子
17. 会客厅
18. 南北货
6. 银号
8. 商铺③
9. 邮局
19. 民居客栈
10. 首饰铺
20. 杂货铺

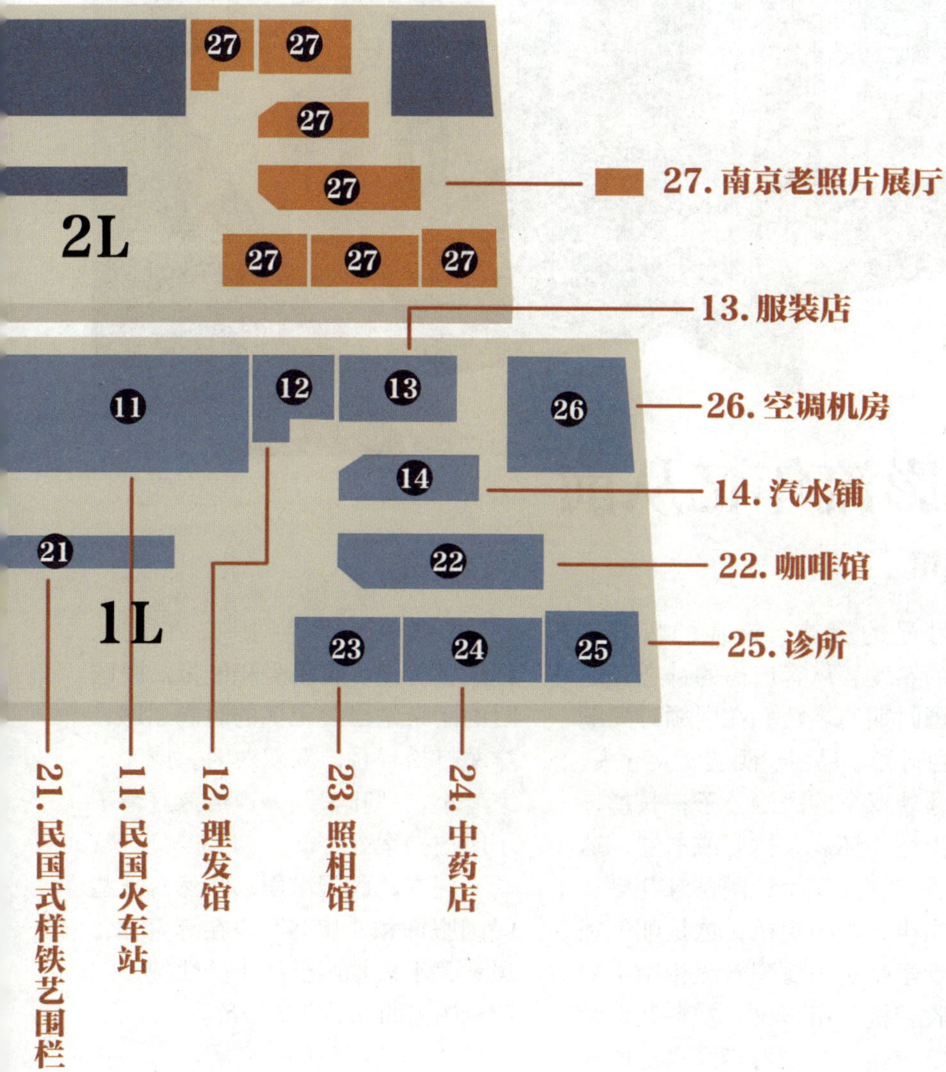
2L
27
27
27
27
27
27
27
27. 南京老照片展厅
13. 服装店
1L
11
12
13
26
26. 空调机房
14
14. 汽水铺
21
22
22. 咖啡馆
23
24
25
25. 诊所
21. 民国式样铁艺围栏
11. 民国火车站
12. 理发馆
23. 照相馆
24. 中药店

光影流年忆从前

照相馆

妙曼的旗袍、精致的妆容、优雅的卷发、从容自信的神态，这是民国时期的名媛们在引领时尚潮流；白衬衫、马甲、西装、大背头，这是才貌双全的民国公子；长衫，大襟上挂个怀表，执扇或书卷，这是儒雅的文人先生；两条麻花辫、蓝竹布褂、黑布短裙，这是朝气蓬勃的女学生……搭配着照相馆中的老式收音机、留声机、塑料花、油纸伞等道具，装扮着不同身份的人们，仿佛突破了时空限制，在捕捉、记录、传递、收获爱和能量。民国时的南京是当之无愧的时尚之城，穿戴打扮一番，双双对对，或者一家老小，“咔嚓”一声给家庭留下了历史档案。

现在的民国馆里，依然有一些民国服饰和“咔嚓”声在等着你，虽然，手机拍照已经十分快捷，但照相馆里的味道别有一番。

醇享咖啡厅

循香而来，民国风格的装修和家具陈设，让咖啡厅平添了一份情怀；门口的横幅“你的美丽让我们做得更好”吸引着游人的目光，也代表当时咖啡厅的经营理念。在充满民国元素的环境里，在轻松舒适的氛围中短暂休憩，或亲友小聚，一杯咖啡、一块点心、一个惬意的午后，不仅获得了身心的放松，也体味着怀旧记忆和情愫。也可以站在二楼咖啡厅的走廊上，看着楼下来往穿梭的人群，在流年碎影中体会民国的风情，而你也一不小心成为别人眼中的风景。

倾城之恋最陈年

聚散之地无常态

火车站

根据南京浦口火车站和下关火车站陈设的民国火车站，配以民国时期的火车头，以及站外的老爷车、黄包车，共同还原了当年车水马龙的车站景象，描绘了那段时光里人们出行的场景。站在斑驳的月台上，纵然岁月变迁，那浓郁的相聚或离别情绪跃然眼前，铺满心头。

物是人非味百回

南北货

在物质匮乏、交通不便的时代，中国人对物产丰盈的第一印象便是“南北货”。现下发达的物流业已经大大消减了地域的阻隔，曾经被南北货包裹的老南京人的甜蜜童年早已成为遥远的回忆。

在民国馆的“南北货”小店中转一转，品一品大白兔、津津豆干、美龄粥、无花果，以及各色点心、老式糖果，或许还能觅得一丝记忆中的味道。

醉卧红尘追梦痕

红公爵酒吧

民国时期的南京作为首都，集结了各国大使馆，因此早已拥有西式酒吧，酒吧也成了达官贵人们周末消遣的绝佳去处。

装饰着民国时期木吧台、沙发、钢琴的酒吧里，老式榨汁机、搅拌机、酒桶、压力打盖封装机等用品也是一应俱全。其中有一件样式特别的啤酒灌装机，常常引起游客的赞叹，它是民国时期进口自比利时的产品，分别按压机器上的四个把手，四种不同口味的啤酒就会从相应的出酒口流出，使用方便快捷，选择丰富多样。

一生只够爱一人

邮政局

这是民国的邮政局，也是你的时光邮局。衬着老式电话机、电报机,给远方的友人写一张明信片;也可以把当下的心情、对自己的期许写下来，寄给未来的你。

在这里，很容易让人想起木心的那首诗：从前的日色变得慢；车，马，邮件都慢；一生只够爱一个人。

每当想起这首诗，心灵总会前所未有的宁静。让你逐渐忘掉现在的忙碌，只想静静感受那个时代的奇妙和美好。

氣和園壹

非遗馆

江风海韵，钟灵毓秀。在江苏这片水韵灵动、书香浸润的土地上，一代代江苏人为美好生活而辛勤耕耘，既创造了辉耀古今的物质文明，也留下了大放异彩的非物质文化遗产。非遗馆活态展示了传统技艺、戏曲、民俗的世代传承，结合各具特色的非遗作品，让我们亲近传承的文化与技艺。

南京云锦：千年璀璨织锦中

南京云锦是中国传统丝制工艺品，居中国四大名锦之首，被誉为“锦中之冠”，元、明、清时期为皇家御用贡品，早在417年南京便建立了专门管理织锦的官署——锦署，距今已有1600多年历史。

云锦织造是一项严密而复杂的系统，至今仍未被机器替代，一直沿用传统的提花木机织造，织造速度很慢，且原材料贵重，故有“寸锦寸金”的美称。

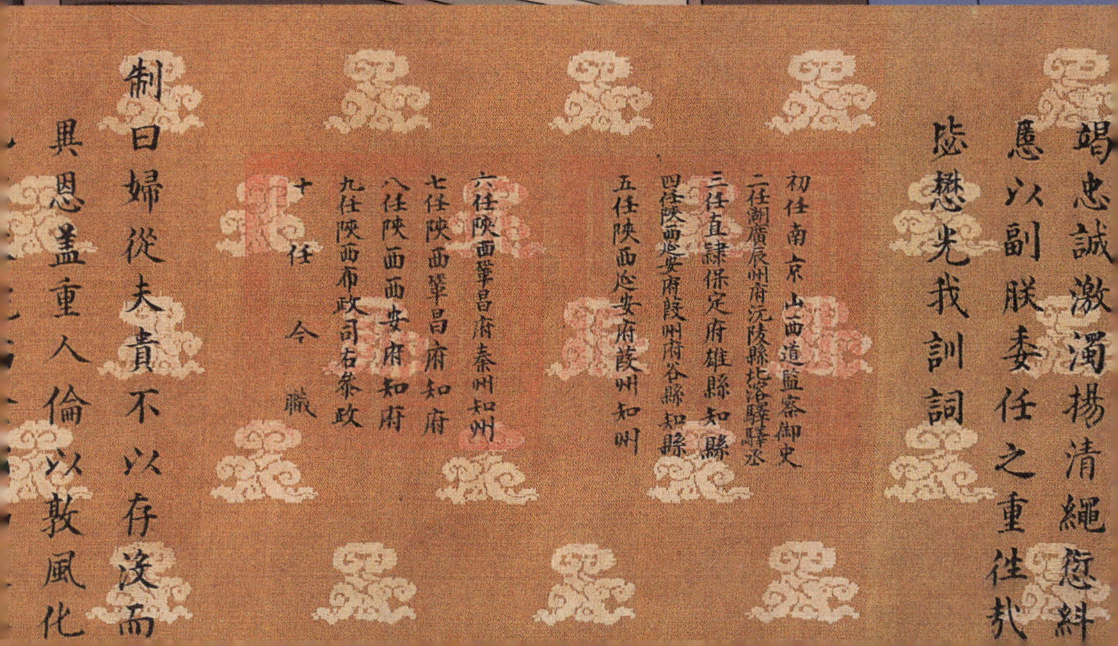
竭忠誠激濁揚清繩愆糾
慝以副朕委任之重往欽
懋懋光我訓詞
初任南京山西道監察御史
二任湖廣辰州府沅陵縣辰溪驛驛丞
三任直隸保定府雄縣知縣
四任陝西延安府葭州府谷縣知縣
五任陝西延安府葭州知州
六任陝西鞏昌府秦州知州
七任陝西鞏昌府知府
八任陝西西安府知府
九任陝西布政司右參政
十任　令　藏
制曰婦從夫貴不以存沒而
異恩蓋重人倫以敦風化

徐州香包：针线绣出健康来

香包，又称“香囊”“香缨”，俗称“香布袋”“料布袋”。作为两汉发源地的徐州，在汉代，制作香包的工艺就已经出现了。徐州香包的内容多以喜庆吉祥题材为主，如龙凤呈祥、鸳鸯戏水、松鹤延年、喜鹊闹梅等，寄托着人们祈求祥瑞、辟邪纳福、丰衣足食的美好愿望。徐州香包的造型非常多，主要有心形、圆形、菱形、元宝形、蝴蝶形、花瓶形（保平安）、水滴形、长方形、人物娃娃等。

徐州香包制作流程主要为配置中草药、刺绣图案、下板型、添加中草药与 PP 棉、手工缝制、缝锁边缘、添加中国结等饰品、包装等。完成后的徐州香包形状敦实淳朴，色彩对比强烈，立体造型栩栩如生。

秦淮灯彩：千年灯彩照秦淮

据史书记载，早在东晋时期，南京就出现了灯彩。南朝伊始，南京城就举办过灯会。发展至今，在秦淮河一带，元宵节早已成为一个张灯结彩、借灯赏玩的传统节日。秦淮灯彩融合了多种艺术门类、多种制作材料和多种工艺技术，汲取了纸扎、绘画、书法、剪纸、皮影、刺绣、雕塑等艺术之长。其色彩瑰丽明快，造型简约大方，风格大俗大雅。秦淮灯彩的种类主要有荷花灯、兔子灯、金鱼灯、元宝灯、狮子灯、蛤蟆灯以及一些纸扎花灯。传统的秦淮灯彩主要是单体灯，现在则发展到各种组合灯彩、大型灯彩。秦淮灯彩不仅是一种民间美术和工艺，而且也是秦淮灯会民俗活动的重要载体和表现内容。

扬州毛笔：含而不漏扬州毫

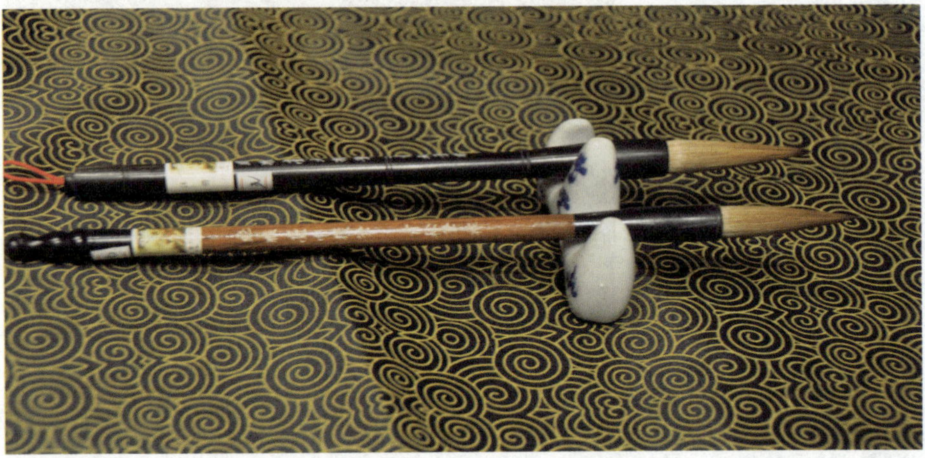

毛笔，是一种源于中国的传统书写工具，被列为“文房四宝”之首。中国毛笔制作技艺分四大流派，分别为安徽宣州的宣笔、浙江湖州的湖笔、江苏扬州的水笔和北京的李福寿毛笔。各派毛笔发达于不同历史时期，又各显其制造特色。

扬州毛笔因含水不漏又称扬州水笔，主要有狼毫、羊毫、兼毫之分，扬州以生产狼毫水笔著称。清嘉庆《重修扬州府志》云：“扬州之中管鼠心画笔，用以落墨白描佳绝，水笔亦妙。”扬州毛笔以狼毫、兔尖(兔背之毫)为主要原料，地产孔麻为辅料，工具多自制。其制作技艺十分繁难，大体分为水盆、装套、旱作三个环节共一百二十多道工序，环环相扣，道道严谨。扬州毛笔不仅有重要的实用价值，还有审美和收藏价值。

扬州毛笔的传统作品
红毛

以兔尖毫制作的扬州毛笔系列品
双料写卷

以黄鼠狼尾毛制作的扬州毛笔系列品
白波

宜兴紫砂陶制技艺：世间茶香堆紫泥

宜兴手工紫砂陶艺包括原料加工工艺、器物成型工艺、装饰工艺和烧成工艺四个部分。其技艺特征是以出产于宜兴市丁蜀镇黄龙山及附近地区的紫砂泥料为原料，用多达百种以上的自制工具，加工打制而成。自明代发展成熟以来，至今已有六百多年的历史。它具有工艺形成及传承地域高度集中与稳定、工艺体系发展脉络与结构清晰且绵延不绝、作品类型适应我国民间饮茶等活动需求而逐渐丰富这三者统一且唯一的特点，同时具有融实用性与艺术性于一体的特征。

南京金箔锻制技艺：千锤万打出金箔

金箔是我国的传统工艺品，距今已有 1700 多年的生产历史。早在东吴或东晋时期，宗教的发展催生了南京金箔，并被广泛用于佛像、神像贴金以及建筑业。

南京金箔系用真金经过 10 多道工序锤炼而成，分别为倒条、下条、拍叶、做捻子、打开子、装家生、打了细、出具、切金箔等。其中打开子（打箔）是金箔锻制工艺中难度与强度最大的一道工序，两个人须面对面交替捶打上万次，把一块黄金“疙瘩”打成只有 0.1 微米左右的薄片。成品金箔薄如蝉翼，软似绸缎，有“一两黄金能覆盖一亩三分地”之说。

老茶馆：一茶一曲一世界

非遗馆内的老茶馆是重要的演出场所，茶馆完全按照老式茶社布局修建，是“动态”展示口头表演类非遗项目的文化空间。

这里定期上演具有江苏特色的曲艺、传统戏剧折子戏等项目。在这里，观众可以一边品茗，一边惬意地欣赏台上的演出。

小剧场：古往今来人如是

同为非遗馆内的表演场所，小剧场的定位不同于老茶馆，是同期展现精品大型舞台演出的空间，一般演出传统戏剧类或民间音乐类项目，如扬剧、锡剧、昆曲、木偶戏、江南丝竹等。在没有演出的时间段，免费放映展现江苏非遗风貌的 3D 影片《苏韵流芳》。

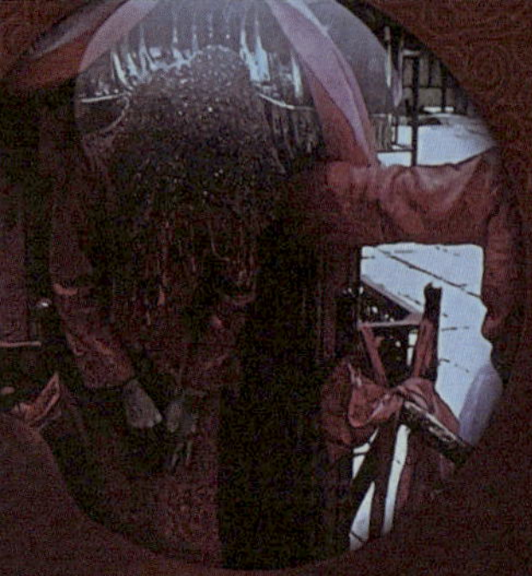

民俗艺苑

岁时节庆体验活动

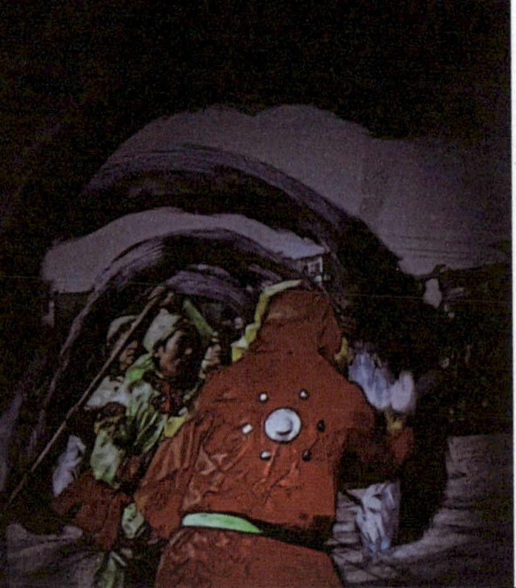

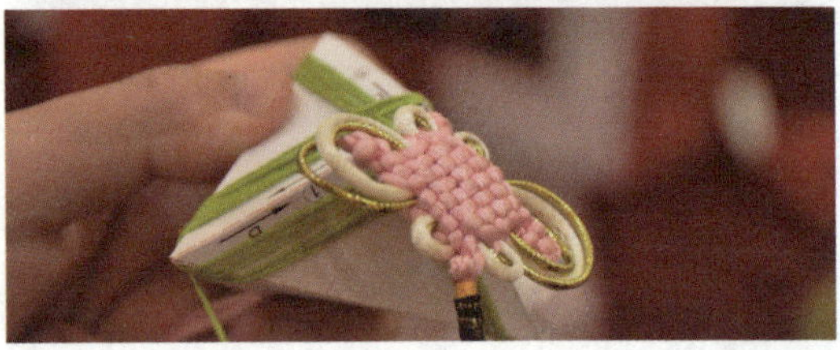

民俗艺苑：岁时节庆亲体验

在非遗馆，您不仅可以“用眼观”非物质文化遗产项目的展示与展演，您还可以“动手做”非物质文化遗产的技艺与过程。民俗艺苑就是这样一个场所，在这里，您可以沉浸式体验传统文化，感受非遗魅力。

生字词注音释义

釜（fǔ）：古代的炊事用具，相当于现在的锅。

鬲（lì）：古代炊具，样子像鼎，足部中空。

邳（pī）：1. 邳州（pī zhōu），地名，在江苏。2. 姓。

虬（qiú）：1. 虬龙：古代传说中的有角的小龙。2. 拳曲：～须，～枝（拳曲的枝条）。

豕（shǐ）：猪：狼奔～突。

鬶（guī）：古代陶制或铜制的一种炊事器具，三足（多为空心），有柄和嘴儿。

琮（cóng）：古代一种玉器，方柱形，中有圆孔。

觥（gōng）：古代用兽角等做的酒器：～筹交错。

彝（yí）：1. 古代盛酒的器具，也泛指祭器：～器，鼎～。2. 法度；常规：～准。3. 彝族。

兕（sì）：古代指犀牛（一说雌性犀牛）。

匜（yí）：古代盥洗时用来注水的器具。

盥（guàn）：1. 洗（手、脸）：～洗。2. 洗手洗脸用的器皿。

铙（náo）：1. 打击乐器，像钹，中间凸起部分比钹的小。2. 古代军中乐器，像铃铛，中间没有舌。3. 姓。

罍（léi）：古代一种盛酒的器具，形状像壶。

炙（zhì）：1. 烤：～烤，烈日～人。2. 烤熟的肉：脍～人口。3. 姓。

錞于（chún yú）：古代一种铜制乐器。

镯（zhuó）：镯子，戴在手腕或脚腕上的环形装饰品。

铎（duó）：古代宣布政教法令时或有战事时用的大铃：木～，铃～，振～。

镈（bó）：1. 古代乐器，即大钟。2. 古代锄一类的农具。

飨（xiǎng）：用酒食款待人，泛指请人享受：～客，以～读者。

郢爰（yǐng yuán）：郢：周朝时楚国的都城，在今湖北荆州；爰：1. 疑问代词。何处；哪里：～其适归？2. 于是：～书其事以告。3. 姓。

哙（kuài）：咽下去。

邗（hán）：邗江（hán jiāng），地名，在江苏。

汲（jí）：1. 从下往上打水：从井里～水。2. 姓。
毋（wú）：1. 表示禁止或劝阻，相当于“不要”：～妄言，宁缺～滥。2. 姓。
廪（lǐn）：1. 粮仓：仓～。2. 指粮食。
鳍（qí）：鱼类的运动器官，由刺状的硬骨或软骨支撑薄膜构成。按所在的部位，可分为胸鳍、腹鳍、背鳍、臀鳍和尾鳍。有调节速度、变换方向等作用。
谥（shì）：1. 君主时代帝王、贵族、大臣等死后，依其生前事迹所给予的称号。例如齐宣王的“宣”，楚庄王的“庄”；诸葛亮谥“忠武”，岳飞谥“武穆”：～号，恶～。2. 称（作）；叫（作）：～之为保守主义。
昪（biàn）：1. 明亮。2. 欢乐。
缂丝（kè sī）：1. 我国特有的一种丝织手工艺。织时先架好经线，按照底稿在上面描出图画或文字的轮廓，然后对照底稿的色彩，用小梭子引着各种颜色的纬线，断断续续地织出图画或文字，同时衣料或物品也一起织成。2. 用缂丝法织成的衣料或物品。也作刻丝。
鹌鹑（ān chún）：鸟，头小，尾巴短，羽毛赤褐色，不善飞。
垢（gòu）：1. 污秽；肮脏：蓬头垢面。2. 脏东西：油～，牙～，泥～。3. 耻辱：含垢忍辱。
沅（yuán）：1. 沅江，水名，发源于贵州，流至湖南入洞庭湖。2. 姓。
帔（pèi）：古代披在肩背上的服饰，妇女用的帔绣着各种花纹：凤冠霞～。
舆（yú）：1. 车：～马，舍～登舟。2. 车上可以载人载物的部分。3. 指轿：肩～，彩～。4. 地：～地，～图。
笄（jī）：古代束发用的簪子：及～。
跏趺（jiā fū）：盘腿而坐，脚背放在大腿上，是佛教徒的一种坐法。
钿（diàn）：用金片制作成的花朵形的装饰品，或木器上和漆器上用螺壳镶嵌的花纹：金～，螺～，宝～，翠～。
髹（xiū）：把漆涂在器物上。
稷（jì）：1. 古代称一种粮食作物，有谷子、高粱、不黏的黍三种说法。2. 古代以稷为百谷之长，因此帝王奉祀为谷神：社～。3. 姓。
璎珞（yīng luò）：古代用珠玉穿成的戴在颈项上的装饰品。
跣（xiǎn）：光着（脚）：～足。
绶（shòu）带：一种彩色的丝带，用来系官印或勋章。有的斜挂在肩上表示某种身份。

戟（jǐ）：1. 古代兵器，把矛和戈结合于一体，具有刺击和钩杀双重功能，后代形制有所变化。2. 刺激。

缛（rù）：繁琐；繁复：~礼，繁文~节。

榫（sǔn）头：竹、木、石制器物或构件上利用凹凸方式相接处凸出的部分。

卯（mǎo）眼：器物的零件或部件利用凹凸方式相连接的地方的凹进部分。

錾（zàn）：1. 在砖石上凿；在金银上刻：~花，~字，~金。2. 錾子；錾刀。

贮（zhù）：储存；积存：~木场，~草五万斤，缸里~满了水。

赑屃（bì xì）：1. 用力的样子。2. 传说中的一种动物，像龟。旧时大石碑的石座多雕刻成赑屃形状。

爵（jué）：1. 爵位：公~，封~。2. 姓。3. 古代饮酒的器皿，有三条腿，口沿上有双小柱。

旻（mín）：1. 秋天。2. 天空：苍~。

苎（zhù）麻：1. 多年生草本植物，茎直立，叶子卵圆形或心脏形，花黄绿色。茎皮纤维洁白有光泽，坚韧，是纺织工业的重要原料。2. 这种植物的茎皮纤维。

裱褙（biǎo bèi）：用纸或丝织品作衬托，把字画书籍等装潢起来，或加以修补，使美观耐久。

笏（hù）：古代君臣在朝廷上相见时手中所拿的狭长板子，用玉、象牙或竹片制成，上面可以记事，后来只有大臣使用。

搔（sāo）：用指甲挠：~头皮，~到痒处（比喻说到点子上），~首弄姿（形容卖弄姿容）。

矾（fán）：某些金属的含水硫酸盐或由两种或两种以上的金属硫酸盐结合成的含水复盐，如明矾、胆矾、绿矾。

蟠螭（pán chī）：蟠：盘曲。螭：古代传说中没有角的龙。古代建筑或工艺品上常用它的形状作装饰。

圭（guī）：1. 古代帝王诸侯举行礼仪时所用的玉器，上尖下方。2. 指圭表：~臬。3. 姓。4. 古代容量单位，一升的十万分之一。

蚩（chī）：无知；傻。

觚（gū）：1. 古代一种盛酒的器具。2. 古代写字用的多棱形木简：操~（写文章）。3. 棱角。

鹭鸶（lù sī）：白鹭。

皴（cūn）：1. 因受冻而裂开：手~了。2. 皮肤上积存的泥垢：一脖子~。

3. 国画画山石时，勾出轮廓后，为了显示山石的纹理和阴阳面，再用淡干墨侧笔而画，叫作皴。

杵（chǔ）：1. 一头粗一头细的圆木棒，用来捣粮食等或洗衣服时捶衣服。2. 用杵捣：~药。3. 用细长的东西戳或捅：用手指头~了他一下，拿棍子往里~一~。

佶（jí）：健壮。

鸲鹆（qú yù）：八哥（鸟）。

耷（dā）：大耳朵。

髡（kūn）：古代剃去男子头发的刑罚。

撰（zhuàn）：写作：~文，~稿。

穸（xī）：见窀穸（zhūn xī），墓穴。

燮（xiè）：1. 调和：~理，调~。2. 姓。

谑（xuè）：开玩笑：戏~，谐~，~而不虐（开玩笑而不至于使人难堪）。

桀骜（jié ào）：倔强：~不驯（性情倔强不驯顺）。

驯（xùn）：1. 顺服的；善良：温~，~顺。2. 使顺服：善于~虎。

椁（guǒ）：古代套在棺材外面的大棺材：棺~。

惬（qiè）：（心里）满足：~意。

冥（míng）：1. 昏暗：幽~，晦~。2. 深奥；深沉：~思，~想。3. 糊涂；愚昧：~昧，~顽。4. 迷信的人称人死后进入的世界；阴间：~府。

慵（yōng）：困倦；懒：~困，~懒。

糯（nuò）：黏性的（米谷）：~米，~高粱。

瘿（yǐng）：1. 中医指生长在脖子上的一种囊状的瘤子，主要指甲状腺肿大等病症。2. 植物体受害虫或真菌的刺激而形成的瘤状物：虫~。

参考文献

[1] 陈廉贞 . 苏州的玉雕艺术 . 东南文化 [J]. 1986,(01):144—146.

[2] 陈薇 . 在二重证据下考察明金陵大报恩寺前世后生的建造逻辑 . 建筑学报 [J]. 2019(10):13—20.

[3] 程晓中 . 古代白瓷发展概述 . 中国陶瓷 [J]. 1988(03):48—57.

[4] 程晓中 . 六朝青瓷鉴赏 . 收藏家 [J]. 2000(05):6—13.

[5] 程晓中 . 南京明代贵族墓葬出土梅瓶研究 . 收藏家 [J]. 2000(09):34—37.

[6] 程晓中 . 魂瓶漫说 . 收藏家 [J]. 2001(01):52—57.

[7] 程晓中 . 千峰翠色话越窑 . 收藏家 [J]. 2001(06):50—56.

[8] 程晓中 . 幽亮雅洁 赏心悦目——青花瓷器的源流及特点探析 . 东南文化 [J]. 2002(11):53—58.

[9] 程晓中 . 西晋宜兴窑青瓷貔貅尊初探 . 收藏家 [J].2015(13):82—88.

[10] 程晓中 . 明代青花瓷器中的传统名花 . 收藏家 [J]. 2019(09):27—32.

[11] 曹清 . 天工开物 造像千年——南京博物院藏古代雕刻作品展赏析述要 . 书画艺术 [J]. 2000,(5)

[12] 邓莉凡 . 从艺术到商品——顾绣从明代到清代的演变 . 艺术与设计 (理论)[J]. 2019,2(07):139—140.

[13] 丁鹏勃 . 明代藩王墓出土瓷器研究 . 中国历史文物 [J]. 2008(01):48—64+92—97+2.

[14] 方雯 . 南朝丹阳墓室砖印壁画研究——以《羽人戏龙》《羽人戏虎》图为例 . 东南大学 [D].2015.

[15] 冯汉骥 . 论南唐二陵中的玉册 . 考古 [J]. 1958(09):89—98.

[16] 冯先铭 . 明永乐宣德青花瓷器与外来影响 . 艺术市场 [J]. 2003(10):67—70.

[17] 冯先铭 . 青花瓷器的起源与发展 . 故宫博物院院刊 [J]. 1994(02):29—39+97−2.

[18] 冯先铭 . 有关青花瓷器起源的几个问题 . 文物 [J]. 1980(04):5—9.

[19] 葛彦 . 江苏宜兴周墓墩出土西晋青瓷神兽尊考 . 东南文化 [J].2017(01):96—101.

[20] 耿宝昌 . 明清瓷器鉴定 [M]. 北京：紫禁城出版社・两木出版社，1993.

[21] 何龄修 . 读南明史 . 中国史研究 [J].1998(3):167—173.

[22] 贺云翱 . 郑和与金陵大报恩寺关系考 . 东南文化 [J]. 2007(04):48—53.

[23] 胡继高 . 记南京西善桥六朝古墓的清理 . 文物参考资料 [J].1954(12):75—82.

[24] 华国荣 . 江苏南京市江宁县下坊村发现东吴青瓷器 . 考古 [J].1998(8):92—93+102—104.

[25] 李蔚然 . 南京六朝墓葬 . 文物 [J].1959(4):21—25.

[26] 李蔚然 . 南京西善桥六朝墓的清理 . 考古通讯 [J].1958(4):57—59.

[27] 李志启 . 羊年溯源羊文化 . 中国工程咨询 [J].2015(2):80—81.

[28] 刘韧 . 明代洪武釉里红瓷器研究 . 景德镇陶瓷大学 [D].2019.

[29] 陆明华 . 宜兴紫砂器起源与明代名家茗壶研究 . 东南文化 [J]. 2016(03):78—86+127—128.

[30] 南波 . 南京西岗西晋墓 . 文物 [J].1976(3):55—60+82.
[31] 南京博物院 . 南京富贵山东晋墓发掘报告 . 考古 [J].1966(4):197—204+8—9+19.
[32] 南京博物院 . 南京博物院珍藏大系：清代官窑瓷器 [M]. 南京：江苏美术出版社，2013.
[33] 南京博物院 . 中国清代官窑瓷器 [M]. 上海：上海文化出版社，2006.
[34] 南京博物院 . 走近佛前——南京博物院藏佛教艺术精品 [M]. 南京：广陵书社，2010.
[35] 南京博物院 . 江苏宜兴晋墓的第二次发掘 . 考古 [J]. 1977(02):115—122.
[36] 南京市博物馆 . 一九八七年至一九八八年南京邓府山六朝墓群清理简报 . 东南文化 [J]. 1992(2):158—173.
[37] 吕成龙 . 明德化窑白瓷观音坐像 . 紫禁城 [J]. 1991(04):40+20+37.
[38] 吕曼 . 苏州玉器论略 . 东南文化 [J]. 2002(05):78—81.
[39] 祁海宁 . 南京市东善桥“凤凰三年”东吴墓 . 文物 [J].1999(4):32—37.
[40] 阙维民 . 南京博物院利玛窦《坤舆万国全图》藏本之诠注 . 历史地理研究 [J]. 2020,40(03):99—113+155.
[41] 阮富春 . 洪武釉里红的红色诱惑 . 文物天地 [J]. 2017(06):112—123.
[42] 单长城 . 从四幅古地图看“天下观”的演变 . 唐都学刊 [J].2021,37(01):83—90.
[43] 沈彭年 . 东善桥娘娘坟发现宣德瓷瓶 . 文物参考资料 [J]. 1956(12).
[44] 孙机 . 中国古代物质文化 [M]. 北京：中华书局，2014.
[45] 孙佩兰 . 苏绣与顾绣 . 南京艺术学院学报 (音乐与表演版)[J]. 1980(02):132—136.
[46] 万方，周宏伟 . 中国古地图——坤舆万国全图 . 书屋 [J]. 2006(12):1.
[47] 万新华 . 西晋青瓷神兽尊 . 收藏家 [J].2005(4):74.
[48] 汪桔生 . 金陵大报恩寺琉璃塔琉璃拱门的修复及复制 . 中国文物修复通讯（第 9 期）中国文物学会文物修复专业委员会专题资料汇编 [C]，1996(3):21—22.
[49] 汪永平 . 举世闻名的南京报恩寺琉璃塔 . 中国古都研究（第二辑）——中国古都学会第二届年会论文集中国古都学会会议论文集 [C]，1984(11):214—222.
[50] 王德庆 . 南京砂石山发现南朝墓 . 考古通讯 [J].1956(4):40—41.
[51] 王德庆 . 江苏吴县元墓清理简报 . 文物 [J]. 1959(11):19—24.
[52] 王亮钧 . 宫中艳说：记清宫传世的“时大彬制”款紫砂雕漆四方壶 . 美成在久 [J]. 2019(06):54—67.
[53] 魏采苹 . 吕师孟墓金银器考察 . 东南文化 [J]. 1994(03):124—130.
[54] 韦正 . 江苏吴县张陵山张氏墓群发掘简报 . 南方文物 [J].2005(4):14—18.
[55] 夏正兴 . 我国刺绣简史 . 纺织学报 [J]. 1982(11):64.
[56] 萧放 . 宋明以来的中国成人礼 . 博览群书 [J]. 2016(02):15—20.
[57] 谢博 . 不可一日无此君——南京博物院藏明洪武釉里红岁寒三友纹梅瓶 . 收藏家 [J]. 2019(06):47—52.
[58] 邢舒良 . 南京博物院珍藏名壶览胜 . 收藏 [J]. 2012(09):107-111.
[59] 徐秉琨 . 关于“金珰”. 辽宁省博物馆学术论文集（1999—2008）[C].(3):81—84.
[60] 徐晓鸿 . 利玛窦《坤舆万国全图》. 天风 [J]. 2015(10):68.

[61] 许哲 . 魏晋南北朝及隋时期鸡首壶研究 . 吉林大学 [D].2013.
[62] 许嘉 . 绣画——中国江南传统刺绣研究 . 中国美术学院 [D].2016.
[63] 杨海涛 . 南京博物院藏苏绣名家精品 . 收藏家 [J]. 1999(06):56—59.
[64] 杨海涛 . 顾绣的断代与鉴定 . 文物鉴定与鉴赏 [J]. 2011(05):56—59.
[65] 杨海涛 . 杯盘处处江秋水——赏江千里的螺钿《西厢记》漆盘 . 文物鉴定与鉴赏 [J]. 2011(12):62—65.
[66] 杨夏薇 . 试析南京上坊东吴大墓出土的堆塑罐 . 艺术科技 [J].2017,30(12):153—156.
[67] 叶一念 . 三彩陶双鱼瓶 . 中国社会科学报 [J].2020(12):1.
[68] 叶正亭 . 玉雕“苏作”. 江苏地方志 [J]. 2018(06):19—20.
[69] 虞洋 . 中国丝绸的瑰宝——苏绣与苏州缂丝 . 现代丝绸科学与技术 [J]. 2020,35(04):22—26.
[70] 赵翰生 . 中国古代纺织与印染 [M]. 北京：商务印书馆 .1997.
[71] 赵丽 . 汉画像纺织图的图像意义阐释 . 文教资料 [J].2009(5):55—56.
[72] 郑自海，郑宽涛 . 金陵大报恩寺琉璃塔 . 东方收藏 [J]. 2013(04)：20—21+30.
[73] 郑自海 . 金陵大报恩寺琉璃塔复原拱门错位之谜 . 东方收藏 [J]. 2012(11):109—111.
[74] 中国硅酸盐学会 . 中国陶瓷史 [M]. 北京：文物出版社 .1982.
[75] 周德麟，陈凤英 . 人问珠玉安足取 岂如阳羡溪头一丸土——南京博物院茗壶汇赏略述 . 收藏家 [J]. 2005(01):22—28.
[76] 周玫 . 谷仓罐动物装饰的文化内涵 . 东南文化 [J].2000(5):100—103.
[77] 周汛，高春明 . 中国衣冠服饰大辞典 [M]. 上海：上海辞书出版社，1996.
[78] 周伟洲，等 . 十六国史新编（全 6 册）[M]. 上海：社会科学文献出版社，2021.
[79] 朱严 . 唐三彩双鱼瓶 . 艺术品鉴 [J].2019(14):1—2.
[80] 曾昭燏，张彬 . 南唐二陵发掘简略报告 . 文物参考资料 [J]. 1951(07):129—163.
[81] 邹厚本 . 江苏考古五十年 [M]. 南京：南京出版社，2000.